未成年

미성년

각본집

이보람 김윤석

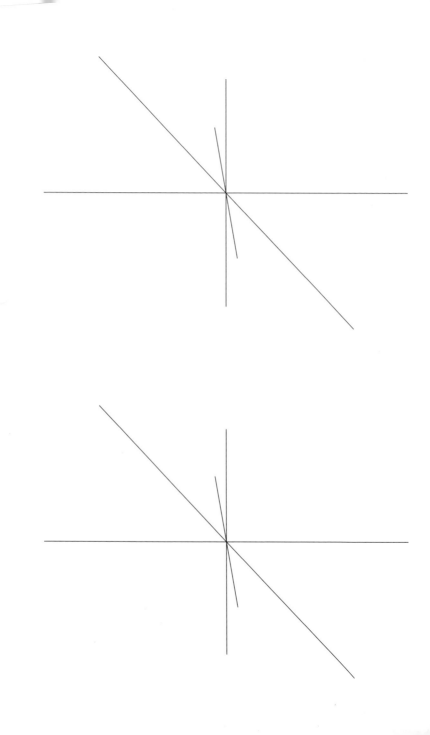

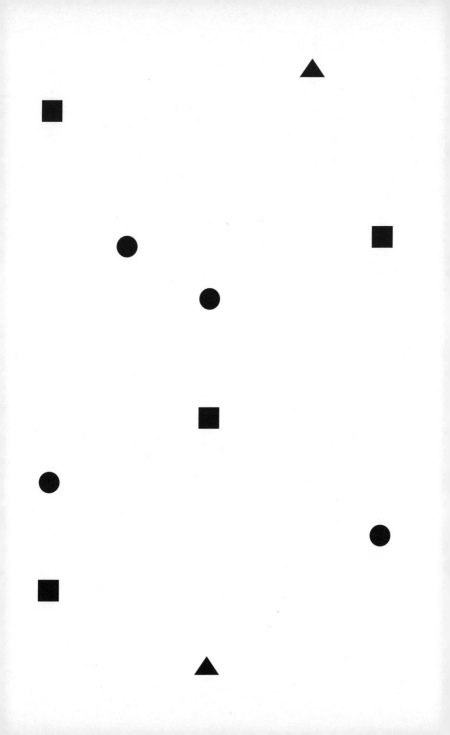

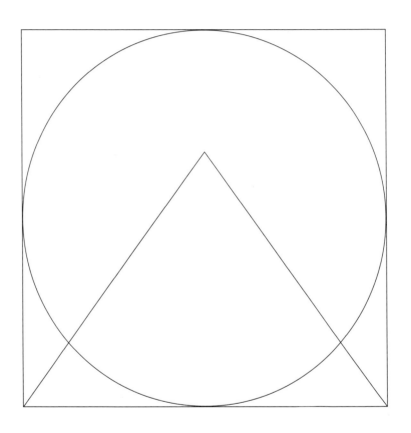

들어가며

Preface

옛날 뱃사람들은 북극성을 통해서 자신의 위치를 알았다고 합니다.
시간과 계절에 따라 그 위치가 변화하는 다른 별들과
달리 북극성은 항상 북쪽에 있기 때문입니다. 그 이야길 듣고
망망대해에 띄운 자그마한 배 한 척에 앉아 있는
'나'를 생각했습니다.

북극성만 보인다면 밤이 돼도 긴장하지 않고 여유 있게 노를
저을 수 있을 것 같았습니다. 하지만 어느 날 갑자기 그 북극성이
사라진다면 어떻게 될까요?

이 이야기의 원래 제목은 <내가 있어야 할 자리>였습니다.
저는 이 이야기를 통해서 어느 날 갑자기 자신의 자리를 잃어버린
아이들에 대해 이야기하고 싶었습니다. 아빠와 엄마가 당신들의
자리에서 이탈해 버린다면, 그 빈자리를 보고 있을 아이들은
어쩌면 북극성을 잃어버린 뱃사람의 심정과 같지 않을까요.

때때로 우리는 내가 마주 보고 있는 대상을 통해 내가 누구인지
알게 됩니다. 그리고 그 사실을 알게 됐을 때 우리가 조금은 어른이
되는 게 아닐까 하는 생각이 들었습니다. 우리 모두 언젠가 날
보고 있는 당신을 마주한 순간, 부끄럽지 않은 사람이 되었으면
좋겠다는, <미성년>은 그러한 생각을 담은 이야기입니다.

감독
감독의 서

영화 <미성년>을 만들면서, 저는 배우이자 작가이자
감독 역할을 하게 되었습니다. 물론 연극 작업에선 자주는
아니지만 더러 했던 역할들입니다.

이 작품을 완성하는 데 3년이 걸렸어요. 원작은 이보람 작가의
<옥상 위 카우보이>란 작품이었습니다.

초고를 써서 동료들에게 조언을 부탁했습니다. 좋다는 사람도
있었고, 김윤석이 이런 작품을 하다니 너무 의외라는 사람도
있었습니다. 명색이 감독 데뷔작인데 왜 그렇게 야심이 없냐 라는
말도 들었습니다.

사실 몇 번을 힘들어 포기할까도 생각했지요.

글은 쓰다가 멈추는 게 제일 안 좋은 거라는 애긴 수십 년 동안
들었던 말입니다.

이보람 작가와의 협업으로 마침내 세상에 내놓게 되었고,
이렇게 책으로 또 나온다니 참 기쁘고 많은 분께 감사의 인사를
전하고 싶습니다. 이 자리를 빌려 지금 이 시각에도 입봉작을
붙들고 분투하고 계실 작가와 감독들께 응원을 보냅니다.

여러분, 우주도 본래 혼자 컸답니다.

각본

일러두기
이 책은 이보람, 김윤석 작가의 집필 방식을 존중하여 최대한 원본에 따라 편집하였습니다.
영화 대사는 어감을 살리기 위해 일부 한글 맞춤법에 어긋나는 표기도 그대로 실었습니다.

Screenplay

1. 밤, 윤아네 오리집(덕향 오리)앞

주리가 창문을 통해 가게 안을 들여다보고 있다.
회식이 끝났는지 10여 명의 남자들이 어수선하게 있다. 성 과장이 전화를
받으며 밖으로 나가고 주리가 오른쪽으로 가다가 어두운 구석에서
웬 남녀가 얘기를 나누는 모습이 보인다. 차가 한 대 출발하고
헤드라이트 불빛이 주리를 비추자 웅크리는 주리.

다시 돌아보면 남녀는 안으로 들어가서 반대편 출입구로 나간다.
다시 차가 출발하고 유심히 보는 주리, 돌아서 다시 창가에서 가게 안을 살핀다.

한 테이블에만 남자 손님 셋이 안 가고 자리에서 노래를 부르고 있다.
일하는 아줌마 하나와 다른 테이블을 치우며 손님에게 마칠 시간이라며
일어나길 재촉하는 미희, 웃는 얼굴로 밉지 않게 손님들을 잘 다룬다.
가게 창밖 너머로 주리가 그런 모습을 몰래 관찰한다. 아줌마와 미희를
번갈아 보다 미희를 뚫어지게 보는 주리. 핸드폰으로 미희를 찍는다.

그러다 미희가 주리를 발견한다. 들키자 뒤로 물러나는 주리, 넘어진다.
미희가 나간다.

넘어진 주리가 고개 들어보면 윤아가 서 있다.
윤아, 알 수 없는 표정으로 주리를 본다.
미희가 나와서 둘을 본다.

      미희 ■   뭐니?

주리와 윤아가 미희를 본다.

      미희 ■   (한 걸음 다가오며) 어머, 너 괜찮니?

미희가 다가오자 주리는 최대한 안 당황스러운 척 일어나서 천천히 윤아를
지나서 몇 걸음 걷다가 뛰어서 달아난다.

미희 ■ 쟤 왜 저래. 싸웠니?

윤아, 대답하지 않고 뛰어가는 주리의 뒷모습을 보고 있다.
주리가 어둠 속으로 사라진다.

미희 ■ (주리 핸드폰을 주우며) 이거 뭐니?

미희가 자세히 보려 하는데 윤아가 핸드폰을 빼앗아서 들고 주리가 간 방향으로
걸어간다.

미희 ■ 뭔데 그래? 많이 싸웠어?

2. 밤, 도로, 버스정류장

주리가 큰 도로에 접어들어 뛰고 있다.
거친 숨을 몰아쉬며 뛰어가는 주리, 윤아도 대로변에 접어들었다.
길을 가로질러 건너편 버스 정류장에 서는 주리.
윤아가 따라오다 멈춰서 주리를 본다.
밤이라 얼굴은 잘 보이지 않는다.

이때 버스가 와서 선다. 주리를 가렸다.
타는 주리가 보이고 자리에 앉아서 윤아를 보는 주리. 버스가 떠난다.
윤아가 지켜본다. 텅 빈 버스 안에 홀로 앉은 주리. 버스는 밤길을 간다.

타이틀

미성년

3. 등굣길

음악이 흐른다.

새벽이다.

주리네 아파트 옆 철길에 전차가 지나간다.

주리가 아파트를 나와 걸어간다. 이어폰을 끼고 있다.

겨울의 어두운 아침이 서서히 밝아 온다.

출근하는 사람들과 교복 입은 아이들이 도로 위에 하나둘씩 보인다.

대부분 이어폰을 끼고 있다.

딴 세상에 사는 듯 걷는 아이들 틈에 주리도 있다.

버스를 타고 가는 주리.

학교 근처 담벼락을 걸어가는 주리.

갑자기 빵- 하는 소리에 음악이 멈춘다. 주리, 놀라서 굳어있다.

학교 앞 삼거리다. 차들이 서로 가려다 엉켜 있다. 학생들이 바글바글하다.

주리가 학교로 들어간다.

4. 점심시간, 2학년 복도

텅 빈 복도에 점심시간을 알리는 벨이 울리고 김 선생과 학생들이
쏟아져 나온다.

김 선생   야, 너넨 오늘 반찬 뭐래?

5. 주리 반 교실

점심시간이라 학생들이 몇 명 없다.
주리가 딸기우유와 초코우유를 현주 앞에 놓는다.

현주가 초코우유를 집는다.

    주리 ●   어제 수학 특강 필기했지?

    현주   어제 학원에서 갑자기 어디로 사라졌어?

    주리 ●   집에.

    현주   ....집?

    주리 ●   ...빌려줄 거야, 말 거야?

    현주   수능 끝나고 유럽에 배낭여행 가기로 한 거 기억하지?

    주리 ●   그럼!

    현주   (노트를 주며) 오늘 집에 가기 전에 줘.

주리 뱃속에서 우루루 하는 소리가 난다.

    현주   뭐야, 난리 났네.

    주리 ●   아침을 안 먹어서 그래. 금방 보고 돌려줄게.

주리가 일어서서 자기 자리로 가는데 교실 문 쪽에서 같은 반 아이가
주리를 부른다.

학생		반장!
주리 ●		어.
학생		(쪽지 건네며) 누가 너 이거 전해 주래.
주리 ●		누가?

학생이 으쓱한다.
주리, 쪽지 열어본다.
의심스러워하는 현주랑 눈이 마주친다.
나가려다 현주 눈치를 보며 자리로 가서 빠르게 필기하기 시작한다.

현주		(나가며) 밥 안 먹어?
주리 ●		먼저 먹어.

6. 옥상으로 가는 계단

주리가 옥상으로 가는 계단을 오른다. 부서진 책상들과 비품이 쌓여있다.
출입 금지 팻말이 있다. 옥상 출입자는 흡연자로 간주한다는 경고문이다.
옥상 문이 열리고 세 명의 여학생들이 경고문을 넘어 내려간다.
주리 잠시 갈등하다 마침내 용기를 내어 경고문을 넘는다.

7. 옥상

주리가 옥상 문을 열고 나와 누군가를 찾는다. 한쪽 구석에서 윤아가 담배를
피우고 있다. 잠시 경계하듯 그렇게 서로를 본다.

주리 ● 나 부른 게 너야?

윤아 ● ....

주리 ● 왜 불렀어?

윤아 ● 참 나. 비겁한 게 지 아빠랑 똑같네.

주리 ● 야, 너네 엄마가 우리 아빠 꼬셨어.

윤아 ● (무표정)

주리 ● 지금 불륜 진행 중이야.

윤아 ● (무표정)

주리 ● 알아?

윤아 ● ...어떻게 모르냐. 배가 불러오는데.

주리 ● 임신했어? 몇 개월인데??

윤아 ● (한숨을 쉰다)

주리 ● 너 어떻게 그렇게 아, 아무렇지도 않게 그래?

윤아 ● 너 몰래 우리 집 훔쳐보지 마. 변태냐?

주리 ● 야! 내가 변태면 니 엄만 꽃뱀이냐?

윤아 ● 뭐?

주리 ● 우리 아빠, 그렇게 돈 많이 없어.

　　　　니네 엄마한테 가서 말해, 그만하시라고.

윤아 ● ......

주리 ● 내가 이렇게까지 했는데도 계속 만나면

　　　　나 가만 안 있을 거야.

윤아 ● (피식)

주리 ● 왜 웃어?

윤아 ● 뭘 어떻게 할 건데.

주리 ● 뭐가?

윤아 ● 둘이 계속 만나면 니가 뭘 어떡할 거냐고.

그때, 윤아한테서 핸드폰 울린다. 윤아가 꺼내니 주리의 핸드폰이다.
폰을 보다 주리를 의미심장하게 보다 받는다.

주리 ●　야 그거...

윤아 ●　아줌마 남편이 우리 엄마랑 바람났어요.

　　　근데 우리 엄마 지금 임신했거든요. 알고 계시라구요.

주리, 전화 뺏어서 본다. 엄마다. 끊는다. 황당하게 윤아를 보는 주리.

윤아 ●　그거 니 꺼지? 가져가라.

주리 ●　야! 너, 너 뭐 하는 거야?

윤아 ●　불륜 관두게 하라며.

주리, 미치고 팔짝 뛰겠다.

주리 ●　하~, 왜 일을 크게 만들어? 너 돌대가리야?

윤아 ●　돌대가리?

주리 ●　그냥 니네 엄마만 떨어지면 되잖아.

　　　그럼 그냥 우리 엄마 모르게 넘어갈 수 있잖아. 아~씨.

윤아 ●　너네 엄마만 모르면 이게 없던 일이 되냐?

주리 ●　동네방네 소문내서 좋을 게 뭔데!

　　　너네 엄마가 한 건 불륜이야. 백번 양보해서 없던 일로

　　　해주겠다는데 넌 뭐가 불만이야? 뭐가 그렇게 잘났어!

　　　뭐가 그렇게 당당해!!

윤아, 갑자기 주리에게 달려들어 입 맞춘다.

힘으로 제압하듯. 말 그대로 입술 박치기를 한다. 주리, 윤아를 밀친다.

미친 듯이 자신의 입술을 닦는다.

윤아, 그런 주리를 보면서 웃음이 터진다. 깔깔깔.

주리 ●　와! 미친년!

윤아 ●　왜 난리야? 니 말대로 이것도 그냥 없던 일로 하면 되잖아.

주리 ● 뭐?

윤아 ● (자신도 입술을 세게 닦으며) 미친년!

윤아, 침 뱉고 나간다. 주리 전화가 울린다. 엄마다. 받지 않는다.
수업 시작종이 울린다.

8. 저녁, 학원가 거리

학원 간판 불들이 켜져 있고 교복에 롱패딩을 입은 학생들이 대부분인 거리.
노란 버스들이 길가에 정차해 있다. 주리가 걷고 있다.

9. 엘리베이터 안

남학생 한 명 외에 다 여학생이다. 대부분 검은 롱패딩을 입었고, 여학생들의
화장이 서투르다 못해 기괴하다. 주리와 현주가 있다.

현주 내 수학 노트.

주리가 등에 멘 백팩을 내민다. 뒤지는 현주, 없다.

현주 없어.

주리 ● 교실에 놓고 왔나 봐.

현주 뭐?

주리 ●	내가 오늘 정신이 없어서 깜빡했어.
현주	다음 주에 특별반 배치시험에 모의고사 전국 평간데,
	너 어떡하려고 그래? 그리고 나는?
주리 ●	아, 잔소리 좀 하지 마! 니가 우리 엄마냐?
현주	야! 이게 잔소리냐?

엘리베이터 문이 열린다. 주리가 나간다.

      현주   권주리!

10. 밤, 학원 교실

과학 탐구 수업을 듣고 있는 학생들, 주리는 핸드폰의 검색창에
"낙태"를 치고 보고 있다.
그러다 사진을 클릭해서 본다. 전날 오리집에서 찍은 사진들을 본다.
거의 다 초점이 안 맞다. 짜증이 나는 주리. 그러다 다른 창의 사진을 본다.
대원과 미희가 함께 찍은 셀카가 찍힌 핸드폰을 그대로 찍은 사진이라
핸드폰 틀이 보인다. 무심코 입술을 만지는데 따끔거린다. 주리가 거울을 보니
살짝 피가 난다. 옥상에서 있었던 일이 생각난다. 입술을 닦으며.

      주리 ●   아 씨~~~~ 미친년!

주변에 학생들이 놀란다.

11. 밤, 유흥가 근처 편의점

남자가 옆에서 통화 중이고 여자는 냉장고에서 맥주를 꺼내고 있다.
남녀 둘은 취한 모습이다. 남자는 통화 중이다.

> **남자**　어, 먼저 먹어... 어, 아직 안 끝났어. 늦을 거야,
> 다시 들어가 봐야 돼. 아, 팀장이 어떻게 빠져?
> 또 봐라, 또 시작이다!! 끊어.

전화를 끊고 윤아를 슬쩍 본다. 윤아는 안 들은 척한다.
여자가 캔맥주를 놓고 와서 담배를 먼저 뜯어 입에 물자 남자가 불을 붙여 준다.

> **윤아** ●　여기 금연이에요.
> **남자**　나가서 피우면 되잖아?

여자가 전화를 확인하며 윤아를 한번 보고 담배를 들고 문밖에 나가며 통화를 한다.

> **여자**　어, 학원 갔다 왔어? 밥은? 왜? 반찬 다 해놨는데,
> 그럼 뭐 먹고 싶어? 근데 엄마가 좀 있다가 집에 갈 건데.
> 미안, 할머니 계셔? 바꿔 봐...... 엄마, 애들 뭐 해?

윤아, 여자와 남자를 힐끗 보고 나머지들 바코드를 찍기 시작한다.
술에 취한 남자는 카운터에 약간 기대서 그런 윤아를 빤히 본다.
그러다 유니폼에 있는 명찰을 본다.

> **윤아** ●　삼만 이천오백 원입니다.
> **남자**　김윤아, 너 미성년자지?
> **윤아** ●　(남자 보면)
> **남자**　미성년자는 이 시간에 아르바이트 불법인데.

임마, 너 사장도 이거 알고 고용하는 거야? 큰일이네.

(중얼중얼) 너 내가 신고하면, 임마.

윤아 ● (한숨 쉬면서 봉투에 물건 담는다)

남자 너 이 새끼, 아까부터 눈빛이, 임마.

내가 딱 보면 미성년인지 아닌지 아는데.

남자가 담배를 물고 불을 붙인다.

윤아 ● 아저씨도 저 아줌마랑 부부 아니잖아요.

남자 (놀라서) ......너 나 아니?

윤아 ● (고개 저으며) 저도 딱 보면 알아요. 여기 CCTV도 있고...

삼만 이천오백 원이에요.

남자, CCTV를 보고는 담배를 숨기며 얼굴을 돌리고 카드 내민다.

여자가 들어온다.

여자 야, 너 왜 그래? 뭐 때문에 그러는데,

어? 담배도 나가서 피우는데 왜 그래!!

저게 사람을 뭘로 보고, 야 너 나 똑바로 봐!! 어디서...

남자가 말려서 여자를 내보낸다. 윤아는 화를 내는 여자를 가만히 본다.

윤아 ● 할인카드 없으시고요?

남자 (끄덕끄덕)

윤아, 계산하고 카드 돌려준다.

남자, 조용히 나간다.

편의점 바깥, 남자가 여자를 끌고 간다.

여자　　왜 그래? 뭐라 그랬는데? 응?

12. 밤, 편의점 밖 거리

둘, 걸어가는 뒷모습. 갑자기 윤아가 가게에서 튀어나온다.

윤아 ●　　아저씨!

남자, 뒤돌아보면, 윤아가 무언가를 던진다.
남자, 얼떨결에 받아 보면 콘돔이다.

윤아 ●　　서비스예요.

13. 밤, 주리네 집

아파트로 걸어 들어가는 주리. 불 켜진 주리 집이 보인다.
주리가 불이 켜진 거실을 올려다본다.

> Cut to.
> 현관문 열고 들어와서 신발들을 본다.
> 아빠 구두가 있고 그 외 가족들의 신발들이 있다.
> 조심스럽게 중간 문을 열고는.

주리 ●   (작게) 엄마, 엄마?

대원 ▲   딸! 왔어?

주리, 소리에 놀라서 보면 대원이 거실에서 TV에 골프 채널을 틀어놓고 자동차
카탈로그들을 보고 있다. 맥주도 한잔하는 중이다.

주리 ●   ...

주리, 슬쩍 보면 엄마는 보이지 않는다. 주리는 이 상황이 당황스러운데
어떻게 해야 할지 몰라서 일단 방으로 도망가려고 한다.

대원 ▲   딸!

주리 ●   ...어?

대원 ▲   자식... 뭐가 어 야.

주리 ●   어? 어 (방으로 간다)

대원 ▲   권주리! 밥 먹었어?

주리 ●   (짜증스럽게 대원을 노려본다)

대원 ▲   ...왜?

주리, 방에 들어간다.

대원 ▲   공부가 힘드나?

주리가 방으로 가려다 가방을 던지고 다시 거실로 간다.

대원이 고개를 든다.
주리는 아빠에게 말할 용기가 나지 않는다. 맘이 더 약해진다.

대원 ▲   밥 안 먹었어?

주리 ●	...엄마는?
대원 ▲	성당 갔어.
주리 ●	엄마 만났어?
대원 ▲	문자 왔어.
주리 ●	언제 온대?
대원 ▲	몰라, 전화해 봐?
주리 ●	......아빠, 어제 회사에서 회식했어?
대원 ▲	어.
주리 ●	뭐 봐?
대원 ▲	어떤 게 이쁘냐? (외제 차 카탈로그를 보여준다)
주리 ●	(물끄러미 아빠를 보다) 차 바꿀 거야?
대원 ▲	아니, 회사로 와서 많이들 주고 가거든, 차 바꾸라고.
주리 ●	아빠가 돈 많은 줄 알고? 아빠 인기 많아?
대원 ▲	(주리를 본다) 하하하.

주리가 다짜고짜 아빠 등을 세게 후려친다.

대원 ▲	아야! 왜 그래?
주리 ●	아파?
대원 ▲	아, 아프지 그럼!
주리 ●	(눈을 동그랗게 뜨고) 아파? 어디? 어디가 아파?

주리가 소파에 올라앉아 아빠 어깨를 두드린다.

대원 ▲	아야, 아야, 살살 좀 해!
주리 ●	아빠, 살쪘어. 운동 좀 해!
대원 ▲	그래? 니 엄마한테도 얘기해라, 운동 좀 하라고.
주리 ●	엄마가 무슨 살이 쪘어?
대원 ▲	그러냐?

주리 ● 그럼. 엄마가 얼마나 예쁜데.

아빠 복 받은 줄 알아.

대원 ▲ 에~~ 편들기는. 아야, 아야.

주리 공부하는 거 힘들어?

주리 ● 괜찮아. 아빠......

대원 ▲ 아빠가 신발 사줄까?

주리 ● 응? 왜?

대원 ▲ 왜는, 너 옛날부터 신발만 사주면 좋아했잖아.

주리 ● 내가 무슨 신발 신는지 아빠 알아?

대원 ▲ 뉴발란스, 맞지? 사이즈가... 225.

주리 ● 그건 중학교 때 발이야!

대원 ▲ 그러냐? 아, 미안.

영주가 들어온다. 대원과 주리를 묘하게 본다. 주리는 눈을 피한다.

영주 ■ 주리, 학원 갔다 왔어?

주리 ● 응.

영주 ■ 밥은?

주리 ● 먹었어.

영주 ■ 옷 갈아입고 씻고 자, 내일 늦잠 자지 말고.

주리 ● 응.

주리가 재빨리 방으로 간다. 영주가 주방으로 간다.

대원 ▲ 한잔했어?

영주 ■ 어. 이 동네 집값이 또 올랐네.

대원 ▲ 잘 샀지, 하여튼 당신은 촉이 좋아.

대원이 일어나서 맥주 캔을 치우러 주방에 간다.

영주는 냉장고에서 맥주를 꺼내 대원을 지나친다.

> **대원** ▲ 마시게?
>
> **영주** ■ 응.

거실로 가는 영주를 보는 대원.

> **영주** ■ 주리 많이 컸지?
>
> **대원** ▲ 그럼, 다 컸지, 아가씬데 이제.
>
> **영주** ■ 그래도 속은 아직 애기야.
>
> **대원** ▲ 그럼. (방으로 간다)
>
> **영주** ■ 저 방에서 잘 거야?
>
> **대원** ▲ 어 ...왜?
>
> **영주** ■ 당신 저 방에서 잔 지가 이년쯤 됐어.
>
> **대원** ▲ ...혼자 자는 게 버릇되면 그게 편해, 당신도 편하잖아.
> 잘게. (방으로 간다)

대원이 가고 혼자 남은 영주가 거실 소파에 앉아 맥주를 마신다.
주리가 엄마를 본다.

14. 밤, 윤아네 집

윤아가 알바 마치고 돌아온다. 가게 불은 꺼져 있고 집 안에만 불이 켜져 있다.
미희가 TV를 틀어놓고 임산부 요가 하고 있다.
윤아, 그런 모습을 한심하게 본다.

미희 ■	너 왜 이렇게 늦게 들어와?
윤아 ●	(무시)
미희 ■	너 아직도 알바 하는 거 아니지?
윤아 ●	(무시)
미희 ■	너 왜 말을 안 들어. 엄마가 밤늦게 위험하다고
	그거 하지 말랬지?
윤아 ●	알았어. 그럼 엄마도 걔 지워.
미희 ■	뭐?
윤아 ●	내가 엄마 말 듣게 하고 싶으면 엄마부터 내 말 들어.
	걔 지워.
미희 ■	(배 만지며, 작은 목소리로) 넌 저렇게 크면 안 된다.
윤아 ●	(부엌 뒤지다) 밥 없어?
미희 ■	샌드위치 사놨어.
윤아 ●	엄만 왜 밥을 안 해?
미희 ■	하루 종일 음식 냄새 때문에 헛구역질하느라 아주 미치겠다.
윤아 ●	안 쪽팔려? 동네 사람들이 뭐라고 하는 줄 알아?
미희 ■	다른 사람이 무슨 상관이야, 내 인생인데.
윤아 ●	...그 아저씨 이혼 한대? 안 한대지.
미희 ■	(말 돌리며) 아들이란다! 얼마나 든든해!

윤아, 미희 핸드폰을 들이밀면서,

윤아 ●	전화해.
미희 ■	뭐가?
윤아 ●	전화해서 앞으로 어떻게 할 거냐고 물어보라고.

미희, 시간 보고 머뭇머뭇.

윤아 ●	왜? 이 시간엔 가족들이랑 있어야 된다고 전화하면 안 된대?

미희 ■ 그런 거 아니야. 이 사람은 그런 사람 아니라니까.

(배에다 대고) 아빠 바쁠 때 괜히 전화하고 그러면 안 돼서 그래요. 알았죠?

윤아 ● 아빠는 무슨 아빠야. 그 아저씨 이미 딴 애 아빠거든?

미희 ■ 야, 이게 나 혼자 좋으라고 그러는 줄 알아?

너도 아빠 필요하잖아.

윤아 ● 엄마가 남자 좋아서 환장하는 거지, 내 핑계 대지 마.

애가 나오든, 그 인간이 오든, 난 이 집 나갈 거야.

미희, 눈물이 그렁그렁.

미희 ■ 넌 엄마가 불쌍하지도 않니? 엄마 정말 여자로서

불행한 사람이야. 열아홉에 너 낳고, 니 아빠 그렇게 되고

빚 갚고 너 키우느라 내 인생 없었어. 너도 여자잖아.

너 내 딸이잖아. 근데 어떻게 남들보다 더 날 이해를

못 해줘?

미희, 말하다 감정이 격해져 화장실 들어가서 운다.

윤아는 이 상황이 익숙하다. 울음소리 신경 안 쓰고 미희 핸드폰을 집는다.
통화 내역을 보고 '마지막 사랑'이라고 적혀 있는 번호를 누른다, 주리네 아빠
대원이다. "지금은 전화를 받을 수 없어..." 라는 안내음이 나온다. 핸드폰을 던지려다
다시 문자를 남기고 부엌에 있는 샌드위치 집어 들고 자신의 방으로 간다.

Cut to.

모니터에 원룸, 고시원 사진들이 줄줄이 떠 있다.

윤아가 샌드위치 먹으면서 컴퓨터 하고 있다.

미희의 울음소리가 그치고 조용하다.

윤아 ●   뭐 해? (짜증 나지만 걱정돼서 화장실로 간다) 뭐 하냐구?

윤아가 문을 열자마자 쾅! 닫는 미희. 윤아, 황당해하며 방으로 간다.

티슈에 옅게 묻은 선혈을 보는 미희, 버리고 변기 물을 내린다.

15. 밤, 주리네 집

자고 있는 주리를 보는 영주, 물끄러미 보다 문을 닫는다.
서재 방에서 자고 있는 대원의 모습을 보는 영주, 혼자 사는 자취방 같다.
들어가서 바닥에 누워보는 영주, 대원은 불편한 꿈을 꾸는지 끙끙거린다.
영주가 일어나 앉는다. 불빛이 반짝이는 대원의 핸드폰이 눈에 들어온다.

Cut to.
안방 침대로 가서 눕는다.
넓은 침대에 혼자 누운 영주, 눈을 감지 못한다.

16. 아침, 주리네 집 아빠 방

"당신이 바람피우는 거 세상이 다 알아" 핸드폰의 문자를 보고 있는 대원.
발신인 이름이 '덕향 김사장'이다.

17. 거실

대원이 나오는데 문을 열고 나오는 주리와 마주친다. 잊은 게 있는 듯 다시 방으로 들어가는 주리. 주리의 방을 보다 나가는 대원, 주방에 있는 영주와 마주친다.

      대원 ▲ ....

      영주 ■ ....뭐 해?

대원은 그냥 출근하려고 신발을 신는다.

      영주 ■ 밥 안 먹어? 어디 가?

      대원 ▲ (눈을 피하고 중얼댄다) 일이 많아서...

      영주 ■ 뭐?

대원은 나가고 잠시 뒤, 주리가 방에서 빠르게 나온다.
주리, 급하게 나가려 하는데 영주가 불러 세운다.

      영주 ■ 밥, 밥 먹어.

      주리 ● (눈을 피하며) 아, 시간 없다니까.

      영주 ■ 주먹밥 해놨어. 가는 길에 먹으면 돼.

영주, 주먹밥을 포장하는데 문소리가 난다.
영주, 그 소리 듣고 급하게 도시락 들고 보면, 주리가 이미 나간 뒤다.

18. 주차장

주리, 급하게 뛰어나와서 아빠 차를 찾는다.
대원이 멀리서 차를 타고 나간다.

주리 ●　　아빠, 아빠.

대원, 듣지 못한 듯 차 타고 나간다.

주리 ●　　아, 씨 엄마가 안단 말이야...

전화를 걸려는데 그 뒤로 영주의 목소리가 들린다.

영주 ■　　권주리.

주리, 놀라서 뒤돌아본다. 겉옷도 안 입은 영주, 말없이 주리 보고 있다.
주리는 영주의 안색을 살피며 눈을 못 마주친다.

주리 ●　　엄마, 저기, 그게.
영주 ■　　밥 가져가.
주리 ●　　어?

영주, 들고 있던 쇼핑백 건넨다.

영주 ■　　가는 길에 먹어.
주리 ●　　...어, 어.

주리, 영주의 눈치 살피다 슬금슬금 간다.

영주 ■	권주리.
주리 ●	(뒤돌아보며) 어?
영주 ■	(말하지 못하고 주리 얼굴만 본다)
주리 ●	...?
영주 ■	그거 식기 전에 먹어.
주리 ●	어.

영주, 말을 삼키곤 돌아선다. 주리는 그런 엄마의 뒷모습을 본다.
엄마는 맨발이다. 현관에서 쓰레기 버리는 아주머니와 태연히 인사하는 영주.

19. 학교 가는 버스 안

창밖으로 풍경들이 지나가고 주리가 이어폰을 끼고 앉아있다. 엄마가 준 도시락을
열고 본다. 전투식량처럼 주먹밥을 먹는다. 버스 안 승객들을 전혀 의식하지 않는다.

20. 거실

영주는 들어오자마자 냉장고를 뒤진다.
돌처럼 굳은 비닐에 싼 냉동식품들을 뒤지다 비닐에 넣어둔 전복 덩어리가 발등에
떨어져 주저앉는다. 발을 감싸 쥐며 아파하는 영주, 다시 일어나 절뚝거리며
다용도실 한쪽에 모아둔 비닐봉지와 종이봉투들을 뒤지기 시작한다.
그러다 '덕향 오리'라 적힌 종이가방을 발견한다.
마음을 진정시킨다. 종이가방을 식탁 위에 놓는다.

21. 학교 운동장 옆길

주리가 이어폰을 끼고 아이들 사이를 빠른 걸음으로 가고 있다.

22. 학교 복도

좁은 복도에 아이들이 바글바글. 각자의 반으로 등교한다. 그 속에 윤아도 있다.
멀리, 주리가 나타난다. 윤아가 주리를 발견한다. 주리도 윤아를 발견.
윤아가 비웃듯이 고개를 돌린다. 주리, 달려가서 윤아의 머리채를 잡는다.
윤아는 기다렸다는 듯이 싸움을 시작한다. 둘, 격렬하게 싸운다.
아이들 재미있는 구경거리를 보듯 함성을 지르며 보고 있다.
둘, 싸우다 복도에 있는 유리창에 부딪혀 창이 깨진다. 다시 반대로 밀려서
교실 문이 부딪혀 넘어진다.

다른 아이들은 소리 지르고 난리가 났다. 하지만 둘은 오히려 고요하다.
피가 나지만 오히려 마음이 차분해진다.

23. 대원 회사 사무실

넓은 사무실 공간.
대원이 자리에 앉아 핸드폰을 열어 본다. 문자를 다시 확인한다.
"당신이 바람피우는 거 세상이 다 알아" 문자를 지우고 주리가 보던 미희랑 찍은
사진을 본다. 자책을 하며 미희와 관련된 것들을 다 지운다.

어느새 성 과장이 와 있다. 놀라는 대원.

    성 과장   오늘 본청 손님들 오는데 어떻게 할까요?

    대원 ▲   ......

    성 과장   (웃으며) 거기로 갈까요? 오리집.

    대원 ▲   ...왜 웃어?

    성 과장   네? 아니 그냥...

    대원 ▲   ...그냥 회사 가까운 데로 해.

24. 미희네 오리집 앞

영주가 차를 몰아 호수를 끼고 달리고 있다.
한적한 일차선 도로로 접어든 영주.
호수를 지나 덕향 오리집 마당에 영주 차가 도착한다.
내리는 영주, 잠깐 섰다가 당당히 들어간다.

25. 미희네 오리집

방에 좌식형 테이블 3~4개와 입식형 테이블 2~3개쯤 있는 작다면 작고 크다면
큰 그런 오리집. 나름대로 한지와 통나무 같은 것으로 전통적인 느낌으로
인테리어 되어있다. 이게 보기에 따라서 빈티지해 보일 수도 있고,
지저분해 보일 수도 있다.

영주가 신발을 벗고 방으로 가 창가 테이블(4인용쯤)에 앉는다.
주변을 조심스럽지만, 자세하게 둘러본다. 한쪽에 노래방 기기가 스피커와 함께 있다.

단체 손님들 회식 때 사용하는 모양이다.

상을 손가락으로 쓱 한번 닦아 보고 먼지가 묻는지 안 묻는지 본다.

그때 툭, 등장하는 미희의 손. 물 잔과 메뉴판을 놓는다.

미희 ■   혼자 오셨어요?

영주 ■   ……

미희 ■   1인분 메뉴는 아래에 있어요.

미희, 메뉴판 가리킨다. 위에는 주로 단체 손님용 메뉴들(오리백숙, 주물럭,
로스구이 등등이 2~3인용)이 적혀 있고 밑에 작게 1인용 메뉴가 한두 개
(된장찌개, 김치찌개) 적혀 있다.

미희 ■   손님 더 오세요? 이따 올까요?

영주 ■   …제일 잘하는 게 뭐예요?

미희 ■   네?

영주 ■   …주물럭 주세요.

미희 ■   오리는 2인용이 제일 작은데.

          혼자 드시기엔…

영주 ■   주세요.

미희 ■   아~ 술은요?

영주 ■   네?

미희 ■   (손가락으로 소주 마시는 제스처)

영주 ■   아뇨…

미희 ■   선불이에요.

영주 ■   네?

미희 ■   여자가 하는 가게라고, 먹고 그냥 가는 손님들이 많아요.

영주, 가방에서 카드를 꺼내 준다.

미희 ■　(곰살맞게) 외상 하자는 사람도 있고,

　　　　세상에 이상한 사람 참 많아요. 그쳐?

미희, 다시 카운터로 가며 허리에 손을 짚는다.

카드를 긁으며 들어오는 다른 손님을 접대한다.

영주, 그제야 고개 들어 미희를 본다. 꾸밈없는 웃음과 거리낌 없는 감정 표현,

생기 있게 빛나는 표정에서 영주는 오래전 자신에게서 사라진 무언가를 본다.

영주의 시선은 미희의 배에 멈춘다. 이때, 카운터에 놓인 미희의 전화벨이 울린다.

미희 ■　네! 어디~? 응, 괜찮아요, 얘기해요.

　　　　(카드와 영수증을 영주에게 주며) 여기.

　　　　(돌아서며) 지금 안 바빠요.

영주는 직감으로 알아챘다. 대원이다.

미희가 밖으로 나가며 통화한다.

하필 영주가 앉은 유리창 밖에서 통화하는 미희.

미희 ■　어제? 아니, 난 전화한 적 없어요.

　　　　오늘 올 거예요? 오면 안 돼?

　　　　내가 왜 그 시간에 문자를 하겠어요? 뭐라구 했는데요?

　　　　아니, 나 아무래도 좀 이상해서 병원에 가 볼려구.

　　　　그냥 나 혼자 갔다 올까요? 그럼, 아직은 괜찮아요.

영주, 한동안 멍하니 보다 눈물이 맺힌 자기를 발견하고 정신 차리려고 노력한다.

거울로 화장도 다시 매만지고, 자신감 있는 표정을 짓고는, 옷매무새를 다듬는다.

그러다 올이 나간 자신의 스타킹을 본다. 그렇게 노력하던 영주는, 왠지 왈칵

눈물이 쏟아질 것 같다. 가방을 챙기고 밖으로 나간다.

26. 오리집 앞

영주가 빠르게 미희를 피해 주차한 차로 가는데 미희는 영주를 발견한다.
미희가 뛰어온다.

미희 ■   저기요, 손님!

영주, 멈춰 서서 돌아본다.

미희 ■   저기, 괜찮으세요?

영주 ■   네?

미희 ■   계산하셨는데 음식도 안 드시고.

영주 ■   ……

미희 ■   에구, 입맛이 있겠어요? 잘 생각하셨어요.

영주 ■   …?

미희 ■   어색하다 싶으면 안 하는 게 맞아요.

영주 ■   ?

미희 ■   여기서 한 삼년 장사했는데 이젠 딱 보면
           대충 맞더라구요. 세상에 좋은 남자 참 없어요. 그쳐?
           (다가가며) 들어가서 차 한잔하고 가세요.
           그리고 운전하면 위험해요.

미희가 다가와 영주의 팔짱을 끼려 하자 영주가 가방으로 미희를 세게 밀친다.
미희, 엉덩방아를 찧는다.

미희 ■   어머! 아니 왜? 하 하! 참!

미희가 엉거주춤 일어난다. 영주가 그런 미희를 본다. 미희가 황당하게 웃는데,
미희의 다리를 타고 피가 섞인 양수가 흐른다.

27. 양호실

주리는 입술이 터졌고 윤아는 눈가에 발갛게 멍이 들었다.
무릎과 팔꿈치에 각자 반창고를 붙였다. 주리는 액정이 깨진 핸드폰을 보고 있다.
둘은 순간 눈이 마주친다.

> **주리** ● 축하한다, 너 때문에 우리 집은 이제 지옥이다.
> **윤아** ● 그게 내 탓이야?

말없이 노려보는 주리, 잠시 후 체념한 듯 시선을 돌린다.
주리를 한동안 보다가 윤아가 눈을 감는다.

> **윤아** ● 한 대 때려. 그리고 우리 보지 말자.
> **주리** ● 어떻게 안 보냐? 2년이나 남았는데, 전학이라도 갈래?
> **윤아** ● (눈을 뜨고) 니 눈에 안 보이면 되잖아.
> **주리** ● ....
> **윤아** ● 땡! 시간 지났다. 난 이제 손 뗄 거니까 귀찮게 하지 마.

윤아가 일어서서 나가는데 김 선생이 들어온다.

> **김 선생** 앉아, 너네가 싸우면서 깬 그 유리가 강화유린데
> 나 같은 사람은 주먹으로 쳐도 손만 아픈 유리야.
> 거기다 교실 문까지 부수고. 너네 이 학교에서 기록이다,
> 기록.

둘은 대답이 없다.

> **김 선생** 왜 그런 거야, 뭔데 그래? 출신 중학교도 다르고,
> 동네도 다르고. 넌 이과, 넌 문과. 접점이 없잖아, 접점이.

뭘 알아야 화해를 시켜주든지 할 거 아냐. 어? 주리,
얘기 안 할 거야? 김윤아. 먼저 가고 내일 어머니 모시고 와!
이게 어디 학교에서 담배를. 너 이번에도 어머니 안 오시면
정학이야, 알았어?

윤아가 나간다. 나가는 모습을 확인하고.

김 선생　　이제 얘기해봐. 쟤가 뭐 돈 같은 거 달라고 했어?
주리 ●　　아뇨.
김 선생　　둘이 어떻게 아는 사이야? 친한 건 아니지?
주리 ●　　...
김 선생　　너 친구 잘 사귀야 돼.
　　　　　　너도 같이 인생 망치고 싶어? 고등학교 내신이 얼마나
　　　　　　중요한데, 중학교 때 공부 잘한 거 아무 소용없어.
　　　　　　너처럼 우등생이었다가 친구 잘못 만나서...
주리 ●　　선생님.
김 선생　　어.
주리 ●　　머리끄댕이는 제가 먼저 붙잡았어요.
　　　　　　그리고 그런 얘기는 사람 있는 데서 하세요,
　　　　　　왜 없는 애 뒷담화를 하세요?
김 선생　　뭐?
주리 ●　　(반항적인 눈으로 본다)

28. 복도

윤아가 혼자 걸어간다. 전화벨이 울린다. 엄마라고 뜬다.

윤아 ●   왜? ... 예. 근데 누구세요?

29. 양호실

윤아가 다시 들어온다.

김 선생   회의가 온단 말이야! 회의가! 내가 니들한테 그동안
                     뭘 어쨌길래, 나를 남 험담이나 하는 사람으로,
                     (윤아를 느끼고) 왜, 넌 또?

윤아 ●   너네 엄마 병원에 있대.

주리 ●   뭐?

윤아 ●   우리 엄마랑, 알고 있으라고.

김 선생   (놀라서 둘을 번갈아 보며) 싸웠대?

윤아 ●   ...(나간다)

김 선생   가봐야지... 나도 가야 되나?

30. 밤, 병원

병원 외관 인서트. 구급차가 응급실로 멈춰 선다.

31. 밤, 주사실

주리와 윤아가 침대에 누워 수혈을 하고 있다.

32. 밤, 주사실 앞 복도

간호사와 얘기를 나누고 있는 영주.

간호사1 그냥 길에서 넘어진 거 가지고 갑자기 이렇게 되는 건
아니구요. 증상이 있었을 거예요. 보통 배가 땡기고 아기가
밑으로 자꾸 처지는 느낌이 들거든요. 피가 섞여
나오기도 하고 이런 신호들이 오거든요.
그럴 때 그냥 바로 병원으로 오셨으면 조치를 취했을 텐데...
나이도 있으시고... 너무 걱정 마시고 좀 지켜보시죠, 뭐.

영주 ■ ...아기는 지금 어디 있어요?

간호사1 인큐베이터요.

33. 밤, 병원 안에 있는 편의점

윤아가 칫솔, 치약, 속옷 등등을 사고 있다. 물건을 담는 윤아의 손이 떨린다. 윤아는
자신의 손을 보다가 팔에 붙어 있는 반창고를 꾹꾹 누르고는 다시 하던 일을 한다.

34. 밤, 병원 로비

편의점 봉지를 든 윤아가 걸어가다 주리와 영주를 본다.
영주와 주리는 무언가 대화 중이다. 영주가 주리 교복이 흐트러졌는지,
매만져 주다가 윤아를 보자 일어난다.

      영주 ■   오늘 니가 병원에 있을 거니?

      윤아 ●   네.

      영주 ■   (윤아 멍든 자국을 잠시 보곤) 다른 어른들은?

      윤아 ●   ……

주리가 윤아를 본다.

      영주 ■   (잠시 윤아를 보다 주리에게) 넌 학원은 어쩔 거야?

      주리 ●   갈 거야.

      영주 ■   너네 밥은 먹었니?

둘 다 말이 없다.

      영주 ■   인상들 펴, 누가 보면 세상 다 산 사람들인 줄 알겠다.
                주리, 카드 있지? 밥 사 먹어 둘이, 빵 사 먹지 말고.
                기왕이면 비싼 거 사 먹어. 니 아빠 돈이니까.

영주가 떠난다.

      주리 ●   엄마 어디가?

      영주 ■   내가 갈 데가 어딨니? 싸우지들 마! 너희들이 왜 싸워!

주리와 윤아가 서로를 본다.

35. 밤, 주사실

간호사가 주리와 윤아의 팔 상태를 보고 있다. 둘은 셔츠차림에 팔을 걷고 있다.

> **간호사1**　(밴드 살짝 들어서 보더니) 너네 여기 만졌지?
>
> **주리 ●**　...
>
> **윤아 ●**　...
>
> **간호사1**　만지지 말라고 했잖아. 멍든다고.
>
> 　　　　　피 뽑은 자리는 가만히 둬야지 금방 아물어.
>
> **주리 ●**　욱신거려서.
>
> **간호사1**　참았어야지.

간호사, 둘에게 다시 밴드를 붙여준다.

> **간호사1**　동생은 잘 참던데 누나들은 엄살이 심하네.
>
> **윤아 ●**　네?
>
> **간호사1**　너네 남매는 혈액형이 다 똑같아서 나중에
>
> 　　　　　피 모자랄 일은 없겠다.

간호사1, 웃는다. 주리와 윤아, 황당하지만 뭐라 말은 못 하고 가만히 있다.

> **간호사1**　어지럽거나 그런 건 없지? 가는 길에 뭐 좀 먹고.
>
> 　　　　　아기 컨디션에 따라서 수혈을 더 할지 말지 결정해야 하니까
>
> 　　　　　핸드폰은 항상 켜놓고. 알았지? 근데 누구한테
>
> 　　　　　전화해야 하는 거야? 아빠 오시니? 누가 언니야?

둘, 대답하지 않는다. 간호사, 의아한 듯 고개를 갸웃거리자.

> **윤아 ●**　(어쩔 수 없이) 저요.

간호사1   (수혈서류를 내밀며) 여기 전화번호 적어 놔.

윤아가 적는다. 주리는 외면한다.

간호사1   (시계를 보다) 동생 보고 갈래? 면회 시간이네.
윤아 ●   네?
간호사1   피까지 나눴는데 동생 얼굴은 봐야지.

간호사가 앞장선다.
윤아, 주리 어정쩡하게 있으면, 간호사가 뭐 하냐는 듯, 손짓하며 빨리 오라고 한다.

36. 밤, 주차장

영주, 자신의 차에 타려다 차 안에 있는 '덕향 오리' 쇼핑백을 본다.
그제야 다리가 후들거린다. 차를 잡고 잠시 진정한다.
뒷좌석에 묻은 피를 보곤, 휴지를 꺼내서 닦기 시작한다.

37. 밤, 인큐베이터 실

문이 열린다.
간호사1이 들어오고 어른들과 함께 소독한 옷으로 갈아입은 주리와 윤아는
좀 멍한 얼굴로 들어온다. 유리창 너머로 5, 6개의 인큐베이터가 보인다.
문을 열고 안으로 들어간다.

인큐베이터가 있고 그중에 반 이상이 덮개로 가려져 있다.

갖가지 기구들이 각각의 인큐베이터 주변을 둘러싸고 작동 중이다.

6~7명의 간호사와 의사들이 기계를 체크하며 열중하고 있다.

면회 온 몇몇 보호자들은 덮개로 빛을 차단한 인큐베이터 앞에서

의사의 설명을 진지하게 듣고 있다. 간호사1이 산모 이름을 말하고

주리와 윤아를 인큐베이터로 안내한다.

윤아가 가면서 긴장이 되는지 주리 소매를 잡는다.

김미희의 아들이라고 적힌 이름표가 붙어 있고 천으로 된 덮개로 가려져 있다.

주리가 덮개를 살짝 열어서 본다. 윤아도 고개를 기울인다.

둘의 모습을 떨어진 곳에서 가만히 보는 간호사1.

인큐베이터 실 간호사가 서류를 내밀며 난색을 보인다.

간호사1　괜찮아.

둘은 얼굴을 찌푸리고, 잠시 뒤에 주리는 외면하고 계속 보는 윤아.

아기가 엄마 배 속에 있던 모습으로 힘겹게 숨을 쉬고 있다.

아기의 몸에는 여러 장치가 붙어 있다.

38. 밤, 병원 내 식당

주리와 윤아 앞에 돈가스와 오므라이스가 나온다.

약간 충격을 받은 듯이 둘은 아직 멍하다.

주리 ●　(오므라이스를 가리키며) 요만했지.

윤아 ●　(돈가스 고기를 조금 잘라 내고) 이만했어.

주리 ●　정말 작다...

윤아 ●	(먹으며) 너무 일찍 태어났다잖아.
주리 ●	(먹으며) 에일리언 같았어.
윤아 ●	......
주리 ●	살 수 있는 건가?
윤아 ●	우리 피를 많이 뽑아 갔으니까...
주리 ●	죽어버리라고 기도했는데.
윤아 ●	난 엄마 배를 주먹으로 때리고 싶었는데.
주리 ●	그런데도 태어났네.
윤아 ●	...남동생.
주리 ●	(짜증스럽게 윤아를 본다)
윤아 ●	너 동생 있어?
주리 ●	필요도 없어.
윤아 ●	나도야.

39. 밤, 병원 로비 안내 데스크

진료가 끝나서 창구들은 셔터가 내려져 있다.
어두운 로비의 안내 데스크에서 대원이 미희의 입원실을 찾고 있다.
안내원이 알려주면 걸어서 에스컬레이터로 간다.
전화가 울려서 보면 '우리 예쁜 딸'이라는 발신 이름이 뜬다.
받을지 말지 곤혹스러워하며 2층으로 가는 에스컬레이터를 타는 대원.

문자를 보낸다. "지금은 회의 중입니다. 잠시 후에 연락드리겠습니다."

2층에서 핸드폰을 들고 문자를 확인하는 주리가 멀리서 에스컬레이터를 타고
올라오는 사람 중 대원을 발견한다.

주리 ●　　아빠?

주리는 막상 대원을 이곳에서 보니 당황스럽다. 어떻게 해야 할지 모른 채 서 있다.
그때, 윤아가 화장실에서 나온다.

윤아 ●　　왜 그래?
주리 ●　　아빠...

대원도 주리를 발견한다. 무척 당황스럽다. 사람들 틈에서 등을 돌린다.

윤아 ●　　저 사람이야?
주리 ●　　(고개 끄덕)
윤아 ●　　왜 가만히 있어?

대원이 2층에 도착하자 주리를 피해 2층 로비를 돌아 다시 내려가는
에스컬레이터를 탄다.

주리 ●　　아빠! 아빠!

대원이 뛰어 내려가기 시작한다. 주리가 뛰어간다. 윤아도 엉겁결에 뛰어간다.

주리와 윤아가 에스컬레이터를 타고 내려가고 1층에 도착한 대원은 출입문 쪽으로
뛰어간다. 아이들도 뛴다.

40. 밤, 병원 밖

아이들, 뛰어나온다. 대원이 보이지 않는다. 두리번거리며 찾는 아이들.
그러다 윤아가 기둥 뒤에 숨어있는 대원을 발견한다.

      윤아 ●   저기다!
      주리 ●   아빠!

아이들이 달려오자 들킨 걸 안 대원이 다시 멀리 달아난다.
윤아는 끝까지 쫓아가고 주리는 멈춘다.

      주리 ●   아빠! (사라진 대원 쪽을 보며) 뭐야.

41. 밤, 내리막길

주리가 혼자 걸어가면서 엄마에게 전화를 걸고 있다.
주리, 엄마가 전화를 받자마자 북받치는 감정을 참으며.

      주리 ●   엄마, 아빠 도망갔어.

42. 밤, 거리

대원이 힘들게 품위를 갖추고 빠른 걸음으로 걷는다.

뒤따라오는 윤아도 속보로 걸으며 "아빠! 아빠!"를 외친다. 주변 사람들이 본다.
대원은 죽을 맛이다.

43. 밤, 90계단

90개 정도의 계단 가운데를 오르고 있는 대원.
숨이 턱까지 차고 다리가 후들거린다.
잠시 후 윤아가 밑에서 나타나 서서 소리친다.

윤아 ●   아빠! 아빠!

대원은 마침내 주저앉는다.
가볍게 뛰어올라오는 윤아, 대원 앞에 선다. 고개를 드는 대원.

대원 ▲   너 누구니?

44. 밤, 영주 차 안

영주는 운전하고 있고, 주리가 부모 잃은 아이처럼 엉엉 울고 있다.
영주는 백미러로 우는 주리를 본다. 애써 아무렇지 않은 척, 어른인 척.
영주의 표정에 거의 변화는 없지만, 속이 타들어 간다.

45. 밤, 병원 복도

대원이 앞장서 걸어가면 윤아가 감시하듯 따라가고 있다. 휴게실의 정수기로 가서
물을 급하게 마시는 대원, 윤아가 보고 있다. 다시 걷는 대원, 병실 앞에 선다.
돌아보면 윤아가 보고 있다. 대원, 떨어지지 않는 걸음을 옮긴다. 윤아는 대원이
들어가는 모습을 보곤, 자리를 피한다.

46. 밤, 병실

각 침대의 스탠드 불이나 TV 화면만 켜져 있고 대체로 어둡다.
대원, 환자들과 보호자들을 지나 끝에 있는 커튼 뒤로 침대에 누운 미희를 본다.
얼굴은 안 보이는데 자는 것 같다. 더 가까이 못 가고 가만히 서서 보다가
겨우 입을 연다.

> **대원** ▲   괜찮아?......자요?

건너편 침대의 여환자 두 사람이 안 자고 가만히 대원을 보고 있다. 반대편에도
환자와 보호자로 보이는 사람이 주목하고 있다. 대원이 고개를 숙이며 돌아선다.

47. 밤, 병원 밖

어둑한 어둠 사이로 한층 처진 어깨의 대원이 주차된 차 쪽으로 걸어가고 있다.
주차된 대원의 차가 불빛을 반짝인다.

48. 밤, 미희의 병실

윤아가, 7층 창문으로 그런 대원의 모습을 보고 있다. 미희를 본다.
여전히 자고 있다. 미희의 얼굴을 보다가, 간이침대에 앉아서 두 팔로 다리를
감싸 안으며 고개 숙인다.

윤아 ●   거봐, 내가 뭐라 그랬어. 꼴좋다.

49. 밤, 주리의 방

눈에 얼음주머니를 대고 공부하고 있는 주리. 청소 소리에 고개를 돌린다.

50. 밤, 거실

영주가 주방에서 설거지를 하고 있다. 주리가 나와서 영주를 한번 보고 냉장고로
가서 얼음을 꺼내 수건에 채운다. 영주가 가구들에 비친 자신을 본다.

51. 밤, 주리의 방

영주가 문을 열자 수건을 눈에 덮고 드러누운 주리.

영주 ■	엄마 잠깐 나갔다 올게.
주리 ●	(벌떡 일어나며) 어디 가?
영주 ■	미용실에.
주리 ●	이 시간에?
영주 ■	원장이랑 통화했어. 왜? 가지 마?
주리 ●	...갔다 와. 빨리 와!
영주 ■	빨리 와야 돼?
주리 ●	그사이 아빠 오면 어떡해?
영주 ■	아빠가 무서워?
주리 ●	......아니. (다시 눕고 수건을 덮는다)
영주 ■	...주리야.
주리 ●	응?
영주 ■	...떡볶이 사 올까?
주리 ●	아니.

영주가 주리를 잠시 보다가 문을 닫는다.

52. 밤, 아파트 지하 주차장

영주가 지나간다. 대원이 차 안에서 보고 있다. 영주가 차를 몰고 나간다.
한숨을 쉬는 대원.

53. 밤, 접수처

윤아가 와서 간호사에게 애기한다.

윤아 ● 링거 다 맞았는데요.

다른 간호사가 끄덕이며 병실로 가는데 간호사2가 윤아에게 말을 건다.

간호사2 김미희 씨 딸 맞지? (카드와 영수증을 건네며) 여기.

윤아 ● ?

간호사2 아까 이모님이 결제하시곤 그냥 갔나 봐.

윤아 ● 이모요?

간호사2 어, 이모라던데?
일반병실로 옮기면서 특진비는 먼저 결제했거든.

윤아, 카드 받는다. 영수증의 금액을 본다. 서류에 적힌 보호자 란에
"안영주"라는 이름과 주소가 있다. 윤아가 얼굴을 찌푸린다.

54. 밤, 편의점 ATM 기계 앞

미희 지갑 들고 있는 윤아. 미희 지갑에 있는 카드 하나를 꺼내 ATM 기계에 넣는다.
돈을 뽑으려고 하는데 사용할 수 없는 카드라 나온다. 다른 카드로 다시 해본다.
한도 초과라 나온다. 그렇게 총 세 개의 카드가 쓸 수 없다는 걸 확인한다.
윤아는 이 사실을 몰랐던 것 같다. 당황스럽다.

Cut to.

로비 의자에 멍하니 앉아있는 윤아.

핸드폰을 들고 망설이다 이름을 검색한다.

'박 서방'이라고 쓰여 있는 문자에 시선을 고정한다.

55. 아침, 주리네 집

영주 ■   (뒷모습만) 주리 일어나, 도시락 싸 놨으니까 가면서 먹어.

주리가 일어나 앉는다.

커튼을 쳐 어두운 거실에 교복을 입은 주리가 식탁에 놓인 도시락 가방을 본다.
옆에 딸기, 초코우유가 놓여있다.
우유를 도시락 가방에 넣고 안방을 한번 보곤 나간다.

56. 아침, 고속버스

서투른 화장을 한 윤아가 타고 있다. 창밖으로 강원도의 겨울 풍경이 이어진다.

57. 정선 카지노 근처 마을

눈 덮인 길을 걷는 윤아. 뒤로는 버스터미널이 보인다.
바람도 불고 눈길은 얼어 있고, 윤아 머리카락이 날리고 얼굴은 발갛다.

> Cut to.
> 여관과 식당이 조악하게 나열된 시골 읍이다.
> 윤아가 누군가를 기다리고 있다.
> 건너편 골목 안쪽의 찜질방 입구에서
> 영민이 나와서 눈을 찌푸리며 걸어온다.

영민　　어~이!

윤아 ●　왜 거기서 나와? 거기서 지내는 거야?

영민　　어! 아니, 며칠만.

윤아 ●　(실망) 아빠 돈 없어?

영민은 어느새 구멍가게 구석에 있는 자판기에 정신이 팔려 있다.

영민　　오백 원 있냐? 커피 한 잔만 뽑아줘.

윤아 ●　(체념하곤 지갑 연다)

영민　　(윤아의 지갑에서 만원 한 장을 꺼내곤 애교 있게
　　　　　웃어 보인다) 안 추워? 오늘 진짜 춥네.

윤아 ●　아빠 차는?

영민, 못 들은 척 커피 뽑고는 구석 의자에 가서 앉는다.

윤아 ●　차까지 팔았어?

영민　　야, 오랜만에 봤는데 반갑지도 않아?

윤아 ●　...

영민　　와서 앉아봐. 얼굴 좀 보자.

윤아, 어쩔 수 없이 의자에 앉는다.

영민　　왜 전화했어? 엄마가 시켰어?

윤아 ●　아니, 왜?

영민　　어, 그게 너네 엄마 무슨 일 있냐?

윤아 ●　...왜?

영민　　아니 자꾸 돈 갚으라고 해서. 혹시 엄마 남자 생겼니?

윤아 ●　...아빠, 진짜 돈 없어?

영민　　내가 돈이 어딨냐.

윤아 ●　...엄마도 돈 없어.

영민　　오리집 있잖아.

윤아 ●　말 되는 소릴 해, 월세도 못 내고 있는데.

영민　　...너 니 엄마랑 점점 똑같아진다.

윤아 ●　(영민 째려본다)

영민　　사실을 말해도 듣지 않는 것도 똑같아.

윤아 ●　돈 없으면 이제 그거도 못 하겠네. (도박하는 시늉을 한다)

영민　　구경만 하는 거야. 그러다 운 좋으면 한판 하게 되고,
　　　　　더 운 좋으면 몇 판 더 하고, 그러다 대박 나면, 대박인 거지.

윤아 ●　그냥 직장 다시 다니면 안 돼? 지금 엄마 사정도 안 좋아.

영민　　음- 조금만 기다려 봐. 조금만.

윤아 ●　...

영민　　(윤아 보다가) 너 올해 몇 살이지? 이렇게 보니까 어른이네.

윤아 ●　...

영민　　이제 스무 살 넘었지?

윤아 ●　(침묵)

영민　　너, 카드 하나 만들어라.

윤아 ●　(예상했지만 더 실망스럽다)

영민	신분증 갖고 있지?
윤아 ●	나 열일곱이야. 아직 카드도 못 만들고
	현금서비스는 더 못 받아.
영민	(놀랍다) 아, 정말? 아직도 그거밖에 안 됐어?

윤아, 그런 영민을 본다. 이때 건너편에 강원 넘버의 봉고차가 와서 서고,
근처에서 담배 피우던 아저씨 몇몇이 서둘러 탄다.

영민	(눈을 찌푸리며) 어? 야, 저거 저 차 뭐라고 써있니, 응?
윤아 ●	저게 안 보여?
영민	나 눈이 나빠졌어, 저거 뭐라고 써있는데?
윤아 ●	○○찜질방.
영민	벌써 왔네. (정신없이 일어난다) 야, 나 가야 돼.
	너 갈 거지? 내가 전화할게!
윤아 ●	(가는 모습을 보다 일어선다) 아빠, 내 이름은 알아?
영민	뭐?
윤아 ●	내 이름 뭔데!
영민	(조급하게 옆으로 걸으며) 왜 그래?
	나 저거 놓치면 택시 타야 돼.
윤아 ●	우리 이제 보지 말자. (간다)
영민	...윤아야, 미안해.

영민, 뒤돌아보지 않는 윤아의 뒷모습을 보면서도 어쩔 수 없다는 듯,
봉고차로 가면 끗발 떨어진다고 빨리 타라며 아우성들이다. 영민이 타고 출발한다.

윤아가 멀어지는 봉고차를 뒤로하고 걸어간다. 표정이 점점 일그러진다.
눈물을 참는다. 아무렇지 않을 줄 알았는데, 생각보다 아프다.

58. 학교 복도

쉬는 시간이다. 주리가 윤아 반을 지나가며 본다. 윤아가 보이지 않는다.

59. 버스 안(남매의 모습)

윤아가 서울로 돌아가고 있다. 버스 안에 개구쟁이 남동생과 장난치는 여자애를 본다.
뭔가를 결심하는 윤아의 표정.

60. 학교 옥상

주리가 와서 보면, 윤아는 여기에도 없다. 윤아가 숨겨 둔 담배를 꺼내 물어본다.
라이터가 없다. 그냥 물고 옥상 난간에 걸터앉는다.

한층 우울한 모습의 주리. 아빠한테 전화하는데 신호음이 가는 듯 싶다가 뒤이어
"급한 용무 중이오니 전화를 받을 수 없습니다."라는 문자만 온다.
주리가 운동장 너머 어딘가를 본다.

61. 주리네 집

현관문 비밀번호를 누르는 소리가 들린다. 대원이 들어온다. 영주 신발을 본다.
닫힌 커튼 때문에 어두운 거실을 둘러보다 안방 문을 열어 보는데 잠겨 있다.
조심히 문을 두드린다.

대원 ▲   여보, 영주야.

대답이 없다.

대원 ▲   나 주차장에 있었어.

여전히 아무 소리도 들리지 않는다.

대원 ▲   어디 바람 쐬고 올까? 왜, 동우라고 알지?
개 명퇴하고 서해에서 펜션 한다더라고. 여보, 듣고 있어?
내가 잘못했어. 내가 회사가 아주 안 좋을 때, 누구한테 말도
못 하고 힘들 때... 그때가 우리 팀 해체한다고 해서
내가 며칠 밤새면서 집에도 못 오고 있다가 단합대회 한다고
오리집에 회식하러 갔다가...

현관문이 열린다. 영주가 들어온다. 머리는 숏커트를 했다.
손톱도 매니큐어를 예쁘게 발랐다. 대원을 본다.

영주 ■   뭐하니?
대원 ▲   ...나는 안에 있는 줄 알았지, 안방 문이 잠겨서...
영주 ■   내가 잠갔어, 너 못 들어가게 할려구.
이 집 전 재산이 그 방에 있잖아.
대원 ▲   여보, 내가 잘못했어.

내가 회사가 아주 안 좋을 때, 누구한테 말도 못 하고
힘들 때... 그때가 우리 팀 해체한다고 해서 내가
며칠 밤새면서 집에도 못 오고 있다가 단합대회 한다고
오리집에 회식하러 갔다가...

영주가 냉장고로 가서 냉수를 꺼내 물컵에 부어 거실 소파에 앉아 마신다.
대원은 영주에게 다가가지 못하고 어정쩡하게 서 있다.

대원 ▲ 나, 한 번만 좀 봐줄 순 없어?
좀 기다려주면 내가 다 정리해서... 이십 년이야.
우리가 부부로 보낸 시간이.
여보, 나한테 만회할 기회를 좀 줘.
우리한텐 주리 같이 이쁜 딸도 있잖아!
영주야, 우리 다 같이 여행 갔다 올까? 왜, 동우라고 알지?
걔 명퇴하고 서해에서 펜션 한다더라고. 전에부터 오라고
성환데 거기 가서 우리 아니, 당신하고 주리하고 둘이서
여행 갔다 와도 돼. 그럼 내가 그동안 다 정리해서...

영주 ■ 뭘 어떻게 정리할 건데? 이제 와서 뭘!

대원 ▲ 조금만 좀 기다려 주면...

영주 ■ 쪽팔려서 주리 얼굴을 못 보겠어.
내가 엄만데 내 딸 얼굴을 못 보겠어.
걔한테 이제 무슨 얘길 해.

대원 ▲ ......미안하다.
여보, 이럴 때 우리가 서로 마음을 헤아려서,
애가 지금 중요한 시기니까...

영주가 일어나서 거실 커튼을 열어젖힌다. 확 밝아지는 거실, 눈을 찌푸리는 대원.

영주 ■ 성욕이야? 사랑이야?

대원 ▲	...하~~~
영주 ■	대답해, 성욕이야, 사랑이야?
대원 ▲	미안하다.
영주 ■	둘 다야?
대원 ▲	...미안하다.
영주 ■	그 여자는 사랑이던데? 사랑하니까 애도 가졌지.
대원 ▲	아니야, 그건 실수로 그렇게 된 거야.
영주 ■	애 뱄으니까 돈 달라고 협박하디?
대원 ▲	아니야, 그런 사람... 하~~
영주 ■	그럼 그냥 기만한 거네.
	니가 두 사람을 아니. 네 사람을 기만한 거야.
대원 ▲	미안하다.

영주, 방으로 들어간다.

영주 ■　　들어오지 마. 그리고 이 집 내놨어.

문 잠기는 소리가 나고 대원은 멍하니 서 있다가 나간다.

62. 안방

영주가 통장들과 패물들을 다 끄집어냈다. 주리 돌 반지, 결혼 패물들 등등.
집문서가 누구 명의로 되어 있는지, 적금 만기는 언제인지, 꼼꼼히 살핀다.
집문서와 모든 통장의 이름이 권대원으로 되어 있다.

영주 ■　　멍청한 년.

63. 편의점

점장 아저씨와 윤아가 있다. 점장은 장갑을 끼고 짐을 정리하는 중이다.

>**점장**   이래서 내가 너희 같은 애들을 못 쓴다는 거야.
>
>　　　　내가 왜 너한테 돈을 줘야 되는데?
>
>　　　　이러다 또 너 안 나오면 나는 어떡하라고?
>
>　　　　얘기해봐, 니가 뭐 하나라도 약속 지킨 게 있어?
>
>**윤아 ●**   죄송합니다.
>
>**점장**   휴~~~ 세상사는 게 그렇게 만만한 줄 아니?

점장이 계산대로 간다.

>**점장**   너 가출하는 거 아니지?
>
>**윤아 ●**   네.
>
>**점장**   힘내, 알았어?

64. 병원

주리가 미희의 병실에 들어선다. 식사 시간이다.

윤아를 찾는데 보이지 않는다. 미희는 자고 있다.

맞은편 산모와 보호자에게 인사를 하고 주리는 미희가 자는 얼굴을 가만히 본다.

미희가 눈을 떠 주리를 본다.

65. 주리네 아파트 경비실

경비가 주리네 집으로 인터폰을 해보지만 받지 않는다.

경비　　안 받으시네.

윤아 ●　그냥 맡기고 갈게요.

경비　　(보기만 하고 받진 않고) 아니, 이런 건 전달하기가 좀 그래...
　　　　　괜히 의심받을 수도 있고.

윤아 ●　집에 안 계시니까 그렇죠.

경비　　핸드폰 해보지.

윤아 ●　경비실에 맡기고 가라고 하셨어요... 진짜예요.

경비　　(긁적) 무슨 관겐데?

윤아 ●　... 이모... 요.

경비　　(긁적이다 무언가를 발견하고) 저기 있네.
　　　　　직접 전해주면 되겠네.
　　　　　사모님!

영주가 가방을 들고 걸어가다 윤아를 본다.

66. 병동 휴게실

주리가 환자들과 소파에 앉아 TV(드라마)를 보는 중이다. 아까 인사했던 산모의
어머니가 옆 테이블에서 주리에게 과자를 준다.

주리 ●　감사합니다.

과자 봉지를 열어서 맛있게 먹는 주리, 산모 어머니가 묻는다.

산모 모   너두 딸이야?
주리 ●   ...아뇨.

예상했다는 제스처 후, 산모 어머니가 궁금해서 더 물으려 하는데 다가오는
미희를 보고 산모가 말린다.

미희 ■   나도 하나만.

소리에 보면 어느새 미희가 링거 거치대를 끌고 와서 앉는다. 손을 뻗어
과자 달라고 한다. 주리, 손에다 과자 조금 덜어준다.

미희 ■   (먹으며) 맛있네. 이번에 새로 나온 거야?

손 뻗어서 과자 봉지 좀 보여 달라는 행동을 하자, 주리는 봉지 손에 꽉 쥔 채
가까이 보여주기만 한다.

미희 ■   (흘기며) 안 뺏어. (가만히 제품명 보곤) 이거 처음 보는데.

과자 봉지를 뚫어지게 보는 미희를 보는 주리. 신기한 사람이다.

67. 주리네 집 식탁

윤아가 어색하게 앉아있고 영주가 차를 가져와 앉는다.
윤아, 영주에게 봉투와 카드를 건넨다.

영주, 봉투를 확인하는데. 돈을 보곤 윤아를 본다.

윤아 ● 엄마가 갖다주라고 하셔서.

영주 ■ 윤아라고 했지?

윤아 ● 네.

영주 ■ 저번에 전화로 일러준 게 너지?

윤아 ● 네.

영주 ■ 주리한테도 니가 알려줬니?

윤아 ● 걔도 이미 알고 있었어요.

영주 ■ 주리는 어떻게 알았대?

윤아 ● 몰라요, 둘이 같이 있는 걸 들켰겠죠, 뭐.

윤아가 묘하게 웃는다. 어른들을 비웃듯이.

영주 ■ ...너 엄마가 밉니?

윤아 ● 그런 걸 왜 물어보세요?

윤아, 일어나 가려고 인사한다.

윤아 ● 엄마 병원에 데려다주셔서 감사합니다.

영주 ■ 윤아야! 흔들리면 안 돼.
지금이 너희들 인생에서 너무 중요한 시기야.

윤아 ● 아줌마! 주리 걱정이나 하세요! (나간다)

영주, 뭐라고 말하려다 한숨이 나오고 눈물이 흐른다.
봇물이 터지듯 창피하게도 눈물이 멈추질 않는다.
윤아가 난처하게 서 있다. 주머니에서 휴대용 티슈를 꺼내준다.

영주 ■ (잠시 후) 고맙다.

윤아 ●   죄송해요, 제가 엄마를 닮아서 말을 막 해요.

영주 ■   아니야, 너 때문에 그런 거 아니야...
         네가 잘못한 거 하나도 없으니까,
         그래, 괜찮아, 가도 돼.

윤아 ●   사실은요, 오만 원이 모자라요. 제가 이번에 알바를
         몇 번 빠져서 생각보다 돈이 얼마 안 됐어요.
         다음 주쯤에 주리한테 줄게요.
         제가 빚지곤 못살거든요.
         그러니까, 잊지 말고 주리한테 물어보셔야 돼요.
         오만 원 받았냐고요.

영주가 윤아를 본다. 참 단단한 아이다.

영주 ■   알았다. 꼭 물어볼게.

68. 동사무소 안

윤아, 출생 신고서를 뚫어지게 보고 있다.

69. 병동 휴게실

어느새 미희가 과자 봉지째 들고 먹으면서 TV를 보고 있다. 리모컨이 옆에 있다.
TV 개그 프로다. 방청객 웃음소리 들린다. 미희가 과자 먹다가 웃는다.

웃다가 상처가 아픈지 찡그린다. 주리는 그런 미희를 본다. 그때 옆에 있던 산모의
어머니가 못마땅하게 미희를 보다가 산모와 함께 병실로 들어간다. 가다 말고.

산모 모　애기 엄마, 그러는 거 아냐. 하루 종일 밥도 안 먹고 자더니,
　　　　　일어나서 과자만 먹으면 어떡해?
　　　　　모유를 먹이려면 산모가 영양섭취를 잘 해야지.
　　　　　에이그 쯧 쯧 쯧 그런 기본적인 것도 안 지키면서
　　　　　무슨 애를 키운다고 그래?

미희　왜 반말이야?

산모 모　뭐?

미희　언제 봤다고 반말이야.

산모 모　너 왜 반말이야?

미희　니가 먼저 반말했잖아.

산모 모　(어이가 없다) 너 몇 살이야?

산모가 산모 어머니를 말린다.

산모 모　황당하네, 진짜. 사람이 신경 써서 말해줬더니,
　　　　　저게 말을 저따위로 하잖아.

다른 사람들이 수군거리며 한 마디씩 거들거나, 미희를 흘겨본다.
순식간에 공공의 적이 된 미희. 오히려 주리가 더 불편하다.

미희　뭐가, 뭘 봐. 누가 신경 써 달라고 했어?
　　　　니들이 뭔 상관이야?

미희, 거의 싸울 듯이 하는데, 마침 간호사2가 와서 TV를 끄고 병실로 환자들을
보낸다. 다시 조용해진 분위기. 미희는 과자를 다 먹은 듯 봉지를 주리에게 준다.

주리 ●   ?

미희 ■   버려줘.

주리 ●   ...

미희 ■   뭐 해?

주리, 어쩔 수 없이 받아서 휴지통에 버린다.

미희 ■   (주리 뒷모습 보다) 너 우리 애 친구 아니지?

주리 ●   ...

미희 ■   걔가 나 닮아서 친구가 없거든. 왜, 호감형은 아니잖아.

주리 ●   전 친구 안 만들어요. 대학 가서 만들어도 돼요.

미희 ■   (피식) 너 아빠랑 닮았구나.

주리 ●   왜 웃어요?

미희 ■   (일부러 도발하듯) 왜? 내가 웃는 게 마음에 안 드니?

윤아가 걸어온다.

윤아 ●   뭐야?

주리 ●   (어깨 으쓱) 아빠 잡으러.

미희가 웃는다. 윤아가 미희에게 다가가서 출생 신고서를 내민다.

미희 ■   왜?

윤아 ●   간호사 언니한테 출생증명서 좀 달라고 그래.

미희 ■   뭐?

윤아 ●   출생 신고를 해야 하는데 출생증명서가 있어야 된대.

미희 ■   ...

윤아 ●   (미희의 떨떠름한 반응 보곤) 엄마가 제출 안 해도 돼.
동사무소 가서 물어보니까 대리자가 가도 된대.

미희가 소파에 모로 눕는다.

윤아 ● 뭐 해?

미희 ■ 잘 거야.

윤아 ● 아, 뭘 맨날 잠만 자.

아기 얼굴도 아직 안 봤지? 무슨 엄마가 그래?

미희 ■ 너 앞으로 병원 오지 마.

윤아 ● 뭐?

미희 ■ 니 얼굴 보면 더 아파.

윤아 ● 알았으니까 출생증명서.

미희 ■ (말 자르며) 넌 학교나 가! 내 핑계 대고 땡땡이치지 말고,

알았어!

접수처 간호사2의 조용히 하라는 소리가 들린다.

윤아 ● 내가 진짜 좋게 봐주려고 해도 할 수가 없다.

윤아가 간다. 주리는 나가지 않고 미희를 쳐다보고 있다.

미희 ■ 뭐? 왜?

주리 ● 왜 아줌마가 화를 내요? 뭘 잘했다고. (간다)

미희 ■ ...

70. 소아과 병동 접수처

간호사들이 모여 각자 일하고 있다. 윤아와 주리가 다가온다.

윤아 ●   출생증명서 떼려고 왔는데요.

간호사3   (서류 찾으며) 몇 호? 산모 이름은?

윤아 ●   7108호 김미희요.

간호사, 서류 찾다가 멈춘다.

간호사3   아, 산모분이 직접 와야 할 것 같은데...

윤아 ●   왜요?

간호사3   보호자가 아니잖아.

윤아 ●   저 누나예요. 보호자 돼요.

간호사3   학생이잖아, 몇 살인데?

윤아 ●   열일곱인데요.

간호사3   거봐, 미성년자라 안 돼.

윤아, 어쩔 수 없이 간다. 주리도 따라간다. 간호사들이 수군거린다.

71. 인큐베이터 실

윤아랑 주리는 인큐베이터에 붙어서 아이를 보고 있다.

주리 ●   그새 컸나?

윤아 ●   응.

주리 ●   이제 좀 사람 같네.

윤아 ●   예뻐.

주리 ●   계속 눈 감고 있네. 자는 건가?

윤아 ●   일어나 있는 거야. 손이랑 발이 움직이잖아.

원래 갓 태어난 애들은 눈 잘 못 떠.

자신 있게 말하는 윤아의 모습을 한번 보는 주리.

주리 ●   몸에 붙은 거는 언제 떼는 거야?

윤아 ●   ...

잠시 아이를 보다, 아이가 웃은 듯, 둘이 마주 보며.

윤아 ●   지금 웃은 거지?

주리 ●   저게 웃는 거야?

윤아 ●   웃었잖아.

주리 ●   더 못생겼어, 임마. 히히.

윤아 ●   사는 거 되게 빡세다 너. 각오가 돼 있어? (피식) 쪼개긴.

윤아가 더 실실 웃으면서 아기를 본다. 인큐베이터 속에 손을 넣어 아기 발을 만져
본다. 윤아 눈에서 눈물이 흐른다.

윤아 ●   힘내.

주리는 그런 윤아를 본다.

72. 서해 펜션

동우펜션 앞에서 서성거리며 전화를 걸고 있는 대원. 받지 않는다.
펜션 입구가 닫혀 있고 당분간 영업을 중단한다는 안내문이 있다. 심란하게 보는 대원.

73. 서해 바다 방파제

방파제 끝에 낚시꾼들이 서너 명 보인다. 스쿠터를 탄 동네 십대들이 놀고 있다.
한쪽에 차를 세우고 대원이 통화 중이다.

> **대원** ▲   네, 그 얘기는 들었습니다. 산모는 뭐라던가요?
>   ...친척 됩니다. 네, 알겠습니다.
>   병원비는 내일 제가 가서 계산할 겁니다.

멀리서 나이 든 아주머니 한 사람이 다가온다. 대원한테 다가와 둘러본다.
낮술을 한 모양이다. 대원은 신경이 쓰인다.

> **아줌마**   낚시 왔습니까?
> **대원** ▲   아뇨. (말 섞기가 귀찮다)
> **아줌마**   어디서 오셨습니까?
> **대원** ▲   왜요? (아줌마를 보면 약간 취한 거 같다)
> **아줌마**   거 좀 물어보면 안 됩니까?
>   여기 차도 있는 거 보니 어디 먼 데서 오신 거 같은데.
>   서울서 왔습니까?
> **대원** ▲   네.
> **아줌마**   네~~.

아줌마가 코를 손으로 휙 풀고 몸뻬 바지에 닦는다. 그리곤 신트림을 한번 한다.
대원은 신경이 쓰인다. 아줌마가 옆에 쪼그려 앉는다.

> **아줌마**   혼자 오셨어요?
> **대원** ▲   ...
> **아줌마**   여기 누구 만나러 왔어요?
> **대원** ▲   ...

아줌마　　여기는 어째 알고 왔습니까? 동네도 쪼그만데.

대원 ▲　　저기, 왜 그러시는데요?

아줌마　　주차비 좀 주시오. 남의 동네에 와서 좋은 경치에
　　　　　　바다 구경도 하고 차도 공짜로 떡 세워 놨으면... 응?

대원 ▲　　...아니 여기 무슨 주차비를 냅니까? 주차장도 아닌데.

아줌마　　이 양반이 지금, 그러면 당신 집 앞에 남이 와서
　　　　　　차 세워 놔도 돼요? 이 방파제가, 이 동네 사람들이 얼마나
　　　　　　높은데 민원을 내고 정성을 들인 건데, 여기 동네
　　　　　　사람 붙잡고 다 물어보세요.
　　　　　　이상한 사람이네 이 양반이, 다들 타지서 온 사람은
　　　　　　모두 자릿세를 내고 낚시도 하고 놀다 가는데,
　　　　　　지금 나를 업신여기는 거요, 뭐요!
　　　　　　무슨 촌구석 아줌마라고 깔보나~~~

십대 애들이 웃으며 보고 있다. 대원이 한숨 쉬며 지갑을 꺼낸다.

대원 ▲　　얼맙니까?

아줌마　　만원만 주시오.

대원이 돈을 주자 아줌마는 바로 떠난다. 가다가 돌아서서.

아줌마　　낚싯대 빌려드리까? 낚시할래요?

대원이 고개를 젓는다. 아줌마 떠난다. 스쿠터 탄 애들이 함성을 지른다.
아줌마가 만원을 애들에게 흔들어 보인다. 애들이 대원 쪽을 보고 손을 내민다.

십대들　　어이! 여기!

대원이 한번 노려보고 시선을 돌린다. 아이들이 그런 대원을 비웃는다.

74. 밤, 버스 안과 밖

윤아는 앉아서 주리 가방을 안고 있다. 주리는 윤아 곁에 서 있다.

75. 밤, 상가 거리

주리와 윤아는 일단 말없이 오뎅과 떡볶이를 먹는다. 사람들한테 치이지 않게
최대한 몸을 작게 해선 다 먹곤 둘러본다. 화장품 가게도 가보고 괜히 옷도
만져보고, 신발도 보고. 한동안 그렇게 구경하다 '1000원'이라 써진 양말 판매대를
본다. 주리가 신나서 양말 하나 산다. 윤아 보면, 옆에 진열된 아기용 양말들을
꼼꼼히 보다 고른다.

76. 밤, 한적한 공원 벤치

어른들 같으면 엄두도 못 낼 날씨에 둘은 아이스크림을 먹고 입김을 뿜으며
공원 벤치에 앉아있다.
윤아는 방금 샀던 아기 양말에 손가락 넣고 움직여 본다.
주리는 그걸 애써 모른 척한다.

> **주리 ●**   너 오늘 학교 왜 안 왔어?
>
> **윤아 ●**   관둘 거야.
>
> **주리 ●**   뭐?
>
> **윤아 ●**   (손가락에 낀 양말 가리키며) 얘 키워야지.

주리 ● 진짜?

윤아 ● 내가 거짓말하는 줄 알았냐?

주리 ● 너네 엄마 엿 먹일려고 그러는 줄 알았는데...

진짜 관둔다고?

윤아 ● 돈 벌어서 애랑 둘이 독립할 거야.

주리 ● ...

윤아 ● 걱정 마. 출생 신고서 보니까 아빠 없어도 등록할 수 있더라.

너네 가족이랑 볼 일 없게 할게.

주리 ● 아니 그게 아니라... 니가 어떻게 애를 키워?

윤아 ● 우리 엄마나 너네 아빠 같은 사람보다 내가 훨씬 자격 있지.

주리 ● 돈은?

윤아 ● 알바하면 돼. 야, 우리 엄만 고등학교 때 날 낳았어.

주리 ● 와~~~

핸드폰 알람 울린다. 주리가 핸드폰 꺼내 보면, 학원 갈 시간이다.

윤아 ● (금이 간 화면이 눈에 띈다) 얼굴 비겠다.

주리 ● 어- 수리 맡겨야 되는데... 시간이 없다.

주리, 가방 챙기고 가려 한다.

윤아 ● 어디 가?

주리 ● 학원, 넌 관두면 땡이지만 난 밀린 공부가 산더미다.

주리, 가방 챙기고 일어난다. 가려다, 참지 못하고.

주리 ● 야!

윤아 ● 왜?

주리 ● 세상이 그렇게 만만치가 않아.

고졸도 아니고 중졸이 어떻게 애를 키워.

너 그러다가 틀림없이...

윤아 ● ...그럼 어떡해! 버려?

주리 ● 입양 보내. 교육환경에도 그게 훨씬 좋을걸?

개 미래를 위해서도 그렇고.

윤아 ● (배신감에 주리 보다가) 야! 내가 개 누나야.

근데 왜 입양을 보내!!

엄마 아빠가 없어도 내가 있잖아! 내가 알아서 할 거야!!

주리 ● ...마음대로 해라. (간다)

윤아도 간다. 주리, 몇 발자국 가다가 다시 뒤돌아.

주리 ● 야!

윤아 ● (돌아보며) 왜?

주리 ● 또 보지 말자.

윤아 ● ...알아. (간다)

주리, 간다.

윤아 ● (가다가 돌아보며) 너네 엄마 잘 봐!

주리 ● 뭐?

윤아 ● 엄마 잘 보라고.

주리 ● ...너네 엄마나 신경 써.

윤아 ● 잘 가라.

윤아도 가고 주리도 간다.

77. 밤, 성당

눈이라도 내릴 듯 회색의 하늘을 배경으로 성당이 보인다.

78. 밤, 고해소

영주가 고백성사를 하고 있다. 성호경을 긋고.

영주 ■ 성부와 성자와 성령의 이름으로 아멘,
고백한 지 육 개월 정도 되었습니다.

신부님 예.

영주 ■ 저는 사람을 다치게 하였습니다. 고의로 그런 건 아니지만
임신한 사람을 밀쳐서 그 사람이 조산을 하게 되었습니다.
병원에선 다른 이유라고 하지만 저는 죄책감이 듭니다.
그 아기는 내 남편이 다른 여자와 바람을 피워서
생긴 아이입니다.
저는 지금 이 상황이 용서가 안 됩니다.
제 딸이 고등학생인데, 이 모든 일을 알고 있습니다.
저는 지금 마음이 너무 힘듭니다. 더러운 짓을 저지른 건
그 사람들인데. 내가 미워하는 사람들이 정말 나쁜
인간들이었으면 좋겠습니다. 아이가 아픈 게 하느님이
내린 천벌이었으면 좋겠습니다.

79. 눈 오는 밤, 학원가 지하도 출구 (여기서부터 음악)

눈이 내린다. 주리가 에스컬레이터를 올라오고 있다. 입구에 서는 주리.
내려오고 올라오는 학생들이 주리를 스쳐 지나간다.
주리의 시선에 학원 풍경이 펼쳐지고 잠시 생각하다 전화를 건다.

> **주리 ●**　엄마, 지금 어디?
> 　　　　나 지금 학원 앞인데 그냥 집에 가면 안 돼?
> 　　　　보고 싶어. 어, 나 집에 가서 엄마랑 밥 먹을래.

다시 돌아서 계단을 내려가는 주리. 눈이 펑펑 내린다.

80. 눈 오는 밤, 미희의 병실

의사와 간호사1이 누워있는 미희에게 무언가를 친절히 얘기한다.
소리는 들리지 않는다.
천장만 쳐다보는 미희, 의사와 간호사1이 나간다.

81. 눈 오는 밤, 국도

대원이 운전하고 있다. 병원에서 걸려 온 전화를 받고 있다. 소리는 들리지 않는다.
심각한 표정의 대원, 오토바이 한 대가 추월해서 지나간다.

82. 눈 오는 밤, 주리네 집

주방에서 주리가 김치찌개를 끓이고 밥을 퍼서 거실 테이블에 놓는다.
영주가 바닥에 앉아 주리를 보고 있다. 영주는 밥이 넘어가지 않는다.
주리가 반찬을 집어서 먹여준다. 겨우 받아먹는 영주, 주리가 엄마를 본다.

83. 눈 오는 밤, 병원 화장실

아기 양말을 손으로 깨끗하게 빨고 있는 윤아, 두 손으로 꼭꼭 짠다.

84. 눈 오는 밤, 병동 휴게실

밤이라 한산한 병원과 밝은 윤아의 모습이 대비된다.
윤아는 소파에 앉아 출생 신고서를 작성하기 시작한다. 테이블 위에 아기 양말이
널려 있다. 콧노래가 절로 나온다. 창밖에는 눈이 오고 있다.

85. 눈 오는 밤, 인큐베이터 실

의료기기들이 다 제거된 맨몸의 아기다. 아기가 숨을 쉬니 배와 가슴이
오르락내리락한다. 발을 꼼지락거리고 손을 쥐었다 핀다. 살며시 눈을 뜬다.

눈을 뜬 상태에서 의료 기계의 불빛이 동공에 비친다. 불빛이 깜박이다 멈춘다.
(음악이 멈춘다)

86. 눈 오는 밤, 미희의 병실

창가에 눈이 내린다.
아주 초라한 모습의 미희가 혼자서 짐을 싸고 있다.
아직 몸을 움직이긴 힘들어 보이지만 최대한 참고 버티면서 짐을 싼다.
물티슈부터 해서 요구르트까지 이것저것 은근히 많다.
그러다 자신의 가슴이 다 젖은 것을 본다. 먹이지 못한 모유가 흘러나온 것이다.
수건이나 휴지로 옷 안을 덧댄다. 전화벨이 울린다. 마지막 사랑이다.

미희 ■   어디예요?

대원 ▲   괜찮아요?

미희 ■   (울음을 참으며) 어, 괜찮아요.

대원 ▲   의사랑 통화했어요. 내가 옆에 있어 줘야 되는데...

미희 ■   나 퇴원할 거야.

대원 ▲   괜찮대요?

미희 ■   응, 어딘데요? 만날까?

대원 ▲   여기 멀어요.

미희 ■   나 사랑해? 응?

대원 ▲   ...만나서 얘기해요.

미희 ■   ...언제?

대원 ▲   내가 전화할게요.

미희 ■   집에 갈 거예요?

대원 ▲   ....

미희 ■ 여기 안 올 거예요?

대원 ▲ ...언제 퇴원인데?

미희 ■ 자기 오면 기다리지, 나 집에 데려다줘요.

 아님 어디 다른 데 가든가.

대원 ▲ 안돼.

미희 ■ 왜요?... 왜?

대원 ▲ 나 지금............ 지금 내가... 하~~~

미희 ■ 기다려야 돼요?

대원 ▲ ......

미희 ■ 기다려요.

대원 ▲ 만나서 얘기해요.

미희 ■ 언제요?

대원 ▲ ......

미희 ■ 기다린다.

대원 ▲ 그래.........

미희 ■ 끊을 거예요?

대원 ▲ ......

미희 ■ 끊을까요?

대원 ▲ 예.

미희 ■ 끊는다?

대원 ▲ 어. (끊는다)

비관적인 생각이 들 때 늘 그랬던 것처럼 어린애마냥 자신을 풀어놓고
침대에 웅크린다.

87. 눈 오는 밤, 국도

대원이 차를 세운다. 일차선 도로 가운데 오토바이가 쓰러져 있고 너머에
사람도 쓰러져 있다. 여유가 있는 거리다. 가만히 보니 쓰러진 사람이 움직이지 않는다.
비상등을 켜고 내려서 가본다.

> **대원** ▲　저기요! (다가간다)

대원이 다가가 쓰러진 사람을 보다가 조심히 건드려 본다.

> **대원** ▲　저기요, 괜찮습니까?

쓰러진 사람이 몸을 흔들리며 슬며시 웃는다. 어린 학생이다.
그러다 벌떡 일어나 낄낄거린다.

> **학생**　아이 씨, 헤드라이트 좀 꺼라!!

뒤에 차 문이 닫히는 소리가 난다.
대원이 뒤돌아보면 5, 6명의 아이들이 자동차 옆에 서 있다.
그중에 한 명은 차에 타서 이미 차를 후진시키며 빼고 있다.
아까 방파제에서 놀던 아이들이다. 아이들이 방망이를 들고 대원에게 다가온다.

> **학생**　야! 라이트 꺼!!

불이 꺼지고 비상등만 깜빡인다. 대원에게 다가와 방망이를 휘두르는 아이들, 암전.

88. 아침, 병원 지하 주차장

조은상조라는 로고가 적힌 봉고차 한 대가 내려와서 서고 아저씨가 내려서
병원 후문 쪽으로 가면서 목장갑을 낀다.

89. 소아과 접수처 앞

윤아가 몇몇 어른들과 함께 앉아 있다. 사복을 입은 주리가 백팩을 메고 나타난다.

윤아 ●   뭐야. 보지 말자며.

주리 ●   금방 갈 거야. 줄 게 있는데 번호를 몰라서.

주리, 핸드폰을 보여준다. 금 간 화면 위로 대원과 미희가 찍은 사진이 보인다.

윤아 ●   (보곤) 뭔데?

주리 ●   나한텐 불륜의 증거. 쟤한테는 출생의 근거.

윤아 ●   ?

주리 ●   나중에 크면 물어볼 거 아냐. 자기가 어떻게 태어났는지.

윤아 ●   …

주리 ●   (사진 가리키며) 그냥 사진만 봤을 땐 그래도
행복해 보이잖아.

윤아 ●   그러네.

주리 ●   기증한다.

윤아 ●   (웃으며) 너 애기 보고 싶어서 왔지?

주리 ●   아니야!

주리, 핸드폰으로 사진 전송하곤 가려 하는데, 간호사가 면회 시간 알린다.
윤아가 그 앞으로 달려간다. 주리는 애써 보지 않고 돌아간다.

90. 엘리베이터 앞

엘리베이터 앞에 목장갑을 낀 아저씨가 서류를 들고 서 있다. 주리도 서서 기다린다.
아저씨가 서류를 보며 숫자를 세고 있다. 엘리베이터 문이 열린다. 아저씨가 타고
주리도 타는데 간호사1,2가 그 앞을 급하게 지나간다.

91. 인큐베이터 실

마스크를 쓴 간호사들이 난감하다는 듯 윤아를 막고 있다.

> **간호사3**   정말이야. 어제 서류 정리까지 다 끝냈어.
> 정말이래두. 아기 여기 없어.
> **윤아 ●**   비켜요, 비키라구요!

윤아가 억지로 들어가려 하자 간호사들이 막는다.
간호사1이 들어와 윤아를 설득한다. 주리도 들어온다.

> **간호사1**   윤아야, 갑작스럽겠지만 어쩌겠니.
> 그 아기 같은 경우엔 태어날 때부터 뇌출혈이 있어서,
> 3일도 아주 오래 버틴 거야.

윤아 ● 아기 어딨어요? 어디 있냐구요!!?

간호사1 ...어머니께 여쭤봐.

주리와 윤아가 창을 통해 비어 있는 인큐베이터를 본다. 윤아가 엄청난 비명을 지른다.
모두들 놀란다. 주리도 멍하니 있다가 정신을 차리고.

주리 ● (무언가 생각난 듯) 입양 보낸 거죠?

간호사들 황당하다. 아니라고 하는데, 윤아가 튀어 나간다.

간호사1 (주리에게) 여기서 이러지 말고 어머니께 여쭤봐.

주리도 따라서 튀어 나간다.

92. 병원 복도

길을 잃은 주리. 윤아는 보이지 않는다. 비상구를 통해 굽이굽이 지하로 쫓아
내려가지만 더 이상 아무도 보이지 않는다. 병원 기자재가 쌓여 있는 긴 복도를
가다 앞에 있는 문을 열고 들어서는 주리, 긴 복도가 이어져 있고 한쪽에
근조 화환들이 늘어서 있다.
우는 소리, 웅성거리는 어른들의 목소리가 들린다. 영안실이다.
무서운 기분의 주리.

> Cut to.
> 비상구 문을 열고 바깥으로 나오는 주리,
> 주차장을 가로지른다.

93. 병원 지하 주차장

주리가 봉고차와 아저씨를 본다.
주리, 자동차에 새겨진 어떤 글씨를 보고 멈춘다. "조은상조"

> **주리 ●** (떨어지지 않는 입을 열며) 저기요.

아저씨가 주리를 본다.

> **주리 ●** ... 저기... 혹시...

윤아가 뛰어나와 주리가 서 있는 걸 본다. 주리도 윤아를 본다. 아저씨는 차에 타서
출발하려 한다. 윤아가 직감적으로 알아채고 차를 가로막는다.

> **윤아 ●** 내 동생 내놔요!

아저씨가 어쩔 줄을 몰라하는데 윤아, 지금까진 본 적 없는 공손함과 절실함으로.

> **윤아 ●** (애원하듯) 저 학교 관두고 일할 거예요. 돈 벌어서
> 얘 키울 수 있어요. 지원금도 나오구요, 그래서 혼자서
> 키울 수 있대요. 제가 엄마가 되고 아빠가 되고
> 누나가 될게요. 제가 잘 키울 수 있어요. 정말이에요.
> 데려가지 마세요. 제발요.

아저씨가 잠시 윤아를 보다 차를 다시 출발시킨다. 그때 뒤쪽에서 빛이 들어온다.
아저씨가 돌아보면 주리가 차 트렁크를 열었다. 그 속에 종이로 만든
관 수십 개가 신발 상자처럼 쌓여 있다. 주리가 놀란다.

94. 차 안

아저씨의 봉고차 안. 운전석에 아저씨가 앉아 있고 그 옆에 주리와 윤아가 꼭 붙어서
앉아 있다. 그러니까 셋이서 나란히 앞좌석에 있는 모습이다.

주리, 뒤돌아 상자들을 본다. 윤아도 따라서 본다.
아저씨, 아이들의 행동을 의식하지만 아무 말 하지 않는다.

> **주리 ●**   다 아기들이에요?
>
> **아저씨**   그래.

아저씨 무심히 좌석 옆에서 서류철을 꺼내며.

> **아저씨**   여기에 애들 서류들이 있으니까 너희 동생이 있나 찾아봐.

주리가 서류를 받는다. 보호자 이름과 병원 등이 적혀 있다. 둘은 서류철을 넘길
엄두가 나지 않는다. 주리가 용기 내서 서류를 보려고 하는데 윤아가 말린다.

> **윤아 ●**   내 동생 안 죽었어. 그러니까 여기 없어.
>
> **주리 ●**   …
>
> **윤아 ●**   (주리한테) 거짓말이야. 이렇게 많이, 이렇게 한꺼번에 다,
>   어떻게 같은 날 죽어?

잠시의 침묵 뒤. 아저씨, 작정하곤 말하기 시작한다.

> **아저씨**   다 같은 날이 아니야. 하루나 이틀, 늦으면 보름 전에
>   죽은 것도 있지. 난 이렇게 날을 정해서 한꺼번에
>   수거를 하러 오는 거야.
>
> **주리 ●**   왜요?

아저씨　　비용이 많이 들거든. 한번 화장할 때마다 사용료가 말이야.
　　　　　　또 나 같은 사람이 오는 것도 비용이 들지. 그러니까
　　　　　　여러 가질 고려했을 때 한꺼번에 하는 게 낫다고
　　　　　　생각하는 거지. 이렇게 운반도... 화장도...

주리, 아저씨가 말하는 동안 서류를 쭉 보다가 무언가를 발견한다. 한참을 본다.
윤아는 서류 쪽으론 고개도 돌리지 않는다.

윤아 ●　　거짓말이야.
주리 ●　　...
윤아 ●　　멈춰요. 세우라구요!

95. 도로

차의 정차와 동시에 차 문이 열리고 윤아가 뛰어내린다.

윤아 ●　　(주리한테) 거짓말이야.

주리, 윤아한테 서류를 건네려고 하는데 윤아가 뒷걸음질 친다.

윤아 ●　　거짓말이야!

윤아, 도망간다. 도망가는 윤아의 뒷모습이 차 백미러로 보인다. 그런 모습이
사라질 때쯤, 아저씨는 옆자리에 주리가 있는 걸 본다.

아저씨　　(주리에게) 넌 어떻게 할 거니?

주리, 자신도 모르게 주먹을 꽉 쥐고 있다. 하지만 얼굴은 아주 침착하다.

주리 ● 가져가서 화장하는 거예요?

아저씨 (고개를 끄덕인다)

주리 ● 화장하면 어디에 묻히는 거예요?

아저씨 원하면 납골당에 두기도 하고......

주리 ● 이렇게 버려 놓고 찾는 사람이 있어요?

아저씨 ...(고개를 갸웃거린다)

주리 ● ...이 서류는 기록에 남아요?

아저씨 기록에? 글쎄, 거기까진 잘 모르겠는데.

주리 ● 제가 가져가면 아무도 모르는 거죠?

아저씨 ...그렇겠지.

Cut to.
아저씨가 차 뒷문을 열고 서류를 보고 찾다가
상자 하나를 주리에게 건네준다.

아저씨 정말 가져가게?

주리 ● ...

아저씨 그래도 화장터에 가는 게 좋을 텐데.
다 같이 태우기는 하지만,

주리, 아저씨를 보다가 고개 꾸벅하곤 상자 들고 걸어간다.

96. 학원 상가 앞 거리

상자 든 주리가 걷다가 학원에 들어간다.

97. 학원 복도

주리가 걸어간다. 좁은 복도 사이로 각각의 교실이 보인다. 아이들이 모두 자신의
자리에 빼곡히 앉아 있지만, 모두 공부 중이므로 무섭도록 조용하다.
갑자기 물 내리는 소리가 울려 퍼진다.
교실의 학생 몇몇이 돌아본다.

98. 화장실

학원 건물 안 화장실은 화려한 건물과는 다르게 더럽고 꽤 낡았다.

주리가 발로 화장실 물 내리는 꼭지를 계속 밟고 있어서, 물이 계속 흐르고 있다.
물 내리는 소리가 조용한 복도와는 대비되어 더욱 시끄럽게 들린다.
주리는 창가 쪽에 상자를 두고, 아까 아저씨한테 건네받은 서류를 꺼낸다.
아주 잘게 찢어서 변기에 버린다. 종이들이 빠르게 사라진다.
주리는 그것을 보다가, 다시 상자를 들고 흐르는 물을 보고 있다.

99. 화장실 앞 복도

주리가 화장실에서 나온다. 상자는 없고 백팩만 메고 있다.
현주가 서 있다.

>   **현주**   내 수학 노트.
>   **주리 ●**   아!

주리가 백팩에서 노트를 꺼내 준다.

>   **현주**   너 세상 그렇게 살지 마.

현주가 교실로 들어가고 주리는 복도를 걷는다. 걷다가 울음을 터트린다.

100. 병원 복도

식사 시간인지 복도에 배식용 카트가 지나가고 환자들도 설거지, 양치질, 산책 등
분주한 일상이다. 영주가 쇼핑백을 들고 걸어온다.

101. 미희의 병실

환자 두어 명이 식사 중이고 침대가 거의 비어 있다. 미희는 편한 사복을 입고
침대에 기대앉아 손거울을 보며 눈썹을 그리고 있다. 몸은 아직 불편하다.

한쪽에는 짐을 싼 가방이 놓여있다.

영주가 들어온다.
환자복을 입지 않은 미희의 모습을 잠깐 본다.

> **영주 ■**　치료가 남았다던데.
>
> **미희 ■**　...
>
> **영주 ■**　벌써 움직이고 그러면 나중에 힘들어요.
>
> **미희 ■**　...

눈치 빠른 다른 환자가 불편한지 양치질을 하러 가거나 산책을 나가기도 한다.
영주, 쇼핑백에서 도시락을 꺼내서 미희 앞에 놓는다. 미희는 황당해서 영주를 본다.

> **영주 ■**　먹어요. 죽이에요.
>
> **미희 ■**　...
>
> **영주 ■**　전복 넣고 한 거예요.
>
> **미희 ■**　다 끝났어요.
>
> **영주 ■**　...의사한테 들었어요.
>
> **미희 ■**　.........
>
> **영주 ■**　먹어요.

영주, 수저를 꺼내 건네준다. 영주가 보호자 같다.

> **영주 ■**　독이라도 들었을까 봐요?

영주, 자기가 한입 먼저 먹는다.

> **영주 ■**　맛있네.

영주, 미희의 가슴을 본다. 미희의 가슴이 젖어 있다. 미희는 당황하지만 최대한 당황하지 않은 척 겉옷을 걸쳐서 가린다. 미희는 왠지 자신의 초라한 모습에 화가 난다.

미희 ■ 얘길 들었으면 홀가분하게 가면 되지 왜 왔어요?
그 사람 여기 안 왔어요, 됐죠? 가세요.

미희, 도시락 뚜껑을 덮고 원상복구한다.

영주 ■ 몰랐어요?

미희 ■ 네?

영주 ■ 가정이 있는 사람인 줄.

미희 ■ ...알았어요.

영주 ■ 알면서 뭘 어디까지 갈려고 한 거예요?

미희 ■ 하~~ 바람 한번 피워보세요. 그게 생각대로 되나.

영주 ■ (웃음이 나온다) 그렇게 즐거웠어요?

미희 ■ 그 사람이 즐거웠대요?

영주 ■ ......편했대요, 당신이. 당신도 그 사람이 편했어요?

미희 ■ ......점잖고, 마음도 여리고, 네.

영주 ■ 점잖고 마음도 여리고 편하게 사는 사람들이 이런 짓을
저지르고 또 잘 잊지요.

미희 ■ ......뭐라구요?

영주, 다시 도시락을 열고 수저를 준다. 미희, 움직이지 않는다.

영주 ■ 먹어요, 환자니까 죽 먹어야죠.

미희 ■ 나 죽 먹이려고 왔어요?

영주 ■ 갈 데가 여기밖에 없어서 왔어요.

미희 ■ ......(눈을 감고) 한 대 때려요, 그리고 가세요.
나 그 사람 안 만나요, 다 정리했어요.

영주, 눈을 감은 미희를 보다가 포기하곤.

영주 ■   비싼 전복인데. 아무도 안 좋아하네.

궁금했어요. 어떤 얼굴인지 잘 기억이 안 나서,

저번엔 차마 똑바로 못 봤거든요.

난 환자복 입고 얼굴도 푸석푸석하고, 머리는 떡져서

누워있을 줄 알았어요. 그거. 보러 왔는데, 전복죽도 끓여서

먹이고, 안 되는 위로도 좀 해주고... 그래야 내가 숨도 좀

제대로 쉬고, 앞으로 사람 구실 할 수 있을 거 같아서요.

미희가 눈을 떠 영주를 바라본다. 영주도 미희를 본다.

102. 밤, 주리네 아파트

가방을 멘 주리가 걸어오면 현관 입구에 지방 택시가 실내등을 켜고 기다리고 있다.
현관으로 들어가는 주리.

> Cut to.
> 주리가 계단을 올라와 집 문 앞으로 온다.
> 택시 경적이 울린다.

103. 밤, 주리네 집 거실

열린 문으로 들어오는 주리. 엉거주춤 서 있는 대원.

깨진 안경에 얼굴은 엉망이고 한쪽 팔이 불편해 보인다.

주리는 아빠를 보고 멈춘다. 대원과 주리는 말없이 서로를 본다. 경적이 울린다.

> **대원** ▲ 주리야, 아빠가 출장 갔다 오는 길에... 근데 엄마 어디 갔니?
>
> **주리** ● 아기 죽었어.
>
> **대원** ▲ ......
>
> **주리** ● 아빠, 아기 죽는 거 기다린 거지?
>
> **대원** ▲ ......아냐.
>
> **주리** ● 나 이제 아빠 딸 안 해.

주리, 계단을 뛰어 내려간다.

멍하니 서 있는 대원. 택시 경적이 계속 울린다.

104. 밤, 아파트 마당

경적이 크게 울리고 시끄럽다는 경비 아저씨와 택시비 때문이라고 실랑이하는

택시 기사. 현관 입구에서 주리가 뛰쳐나온다. 영주가 차를 타고 들어오다

주리를 본다. 영주를 지나쳐서 뛰어나가는 주리.

> **영주** ■ 주리! 주... (부르다가 관둔다)

영주가 실랑이를 벌이고 있는 택시를 본다.

105. 밤, 아파트 밖 도로

어둠 속으로 뛰어가는 주리.

106. 밤, 아파트 마당

대원이 나온다.
택시비를 지불하고 현관을 향하는 영주와 마주친다.

> **대원** ▲　...
>
> **영주** ■　택시비 줬어.
>
> **대원** ▲　주리는?
>
> **영주** ■　...
>
> **대원** ▲　봤어?
>
> **영주** ■　병원에 가봐야 되는 거 아냐?
>
> **대원** ▲　응, 팔이 부러진 거 같아, 주리는?
>
> **영주** ■　주리는 괜찮아, 당신 걱정부터 해.
>
> **대원** ▲　영주야, 나 강도를 당해서...
>
> **영주** ■　......병원부터 가자.

영주가 차 쪽으로 간다. 대원은 멍하니 서 있다가 영주를 따라간다.

107. 밤, 윤아네 집

오랫동안 정리하지 않은 집안의 모습. 윤아가 미희 방에 있다. 방을 뒤지는 중이다.
지갑과 비상금, 돈이 된다 싶은 건 챙긴다. 모자란 듯, 서랍 안 상자들을
꺼내 뒤지는데 산모 수첩을 발견한다. 오랜만에 엄마의 소녀 같은 글씨를 본다.
아이의 태명에 "못난이"라고 적혀 있다. 수첩을 넘기자 아기 초음파
사진들이 붙어 있다.

108. 밤, 오리집 앞

윤아가 가출 준비를 마치고 집을 나온다.
가게 불이 켜져 있고 문이 열려 있다. 다가가는 윤아.

109. 밤, 가게 안

미희가 서 있다.
자신의 짐을 한쪽 구석에 두고 컵라면을 뜯어 놓고 끓인 물을 붓고 있다.

> **미희** ■ 니 아빠 온 줄 알았다.
> 닮을 게 없어서 그런 걸 닮니?

미희가 컵라면 들고 식탁으로 가는데 아직 많이 조심스럽다. 겨우 앉는다.
그런 엄마를 윤아는 본다. 멍하니 라면이 익기를 기다리는 미희.

윤아가 주방으로 가서 김치를 꺼낸다.

미희는 컵라면에 얼굴 박으며 먹고 있다. 김치를 놓고 미희의 맞은편 자리에 앉는다.

> **윤아** ● 퇴원한 거야?
>
> **미희** ■ 어.
>
> **윤아** ● 뭐 어디 아픈 덴 없어?
>
> **미희** ■ 일찍도 묻는다.
>
> **윤아** ● 우리 또 이사 가?
>
> **미희** ■ ......아니.
>
> **윤아** ● 알고 있었지?
>
> **미희** ■ ......
>
> **윤아** ● 그래서 일부러 안 본거지, 못난이.
>
> **미희** ■ ......

미희가 젓가락질을 멈추고 윤아를 가만히 본다.

> **미희** ■ 다 컸네.
>
> **윤아** ● 엄만 늙었어. 흰머리도 늘고.
>
> **미희** ■ 염색할 거야.
>
> **윤아** ● 엄마, 내가 엄마를 좀 좋아하게 해줄 순 없었어?

미희, 괴롭게 흐느낀다.

110. 아침, 학교

텅 빈 운동장이다, 모두 교실에 앉아 시험 볼 준비를 한다.

111. 복도

주리, 계단을 지나 혼자 걷고 있다.

112. 윤아 반 교실

시험 준비를 하는 윤아. 문이 열리고 주리가 들어온다.
학생들이 일제히 쳐다본다.

> **주리 ●**   왜 전화 안 받아?
>
> **윤아 ●**   ...
>
> **주리 ●**   왜 전화 안 받냐고?
>
> **윤아 ●**   ...너 누군데?
>
> **주리 ●**   ...
>
> **윤아 ●**   너 나 알아? 난 너 모르는데.

주리가 가방에서 상자를 꺼내 책상에 올린다. 찌그러지고 더러워지긴 했지만
윤아는 그것이 무엇인지 안다.

주리 ● 열까?

윤아 ● ...

주리 ● 너 그때 도망가서 못 봤잖아.

주리가 상자 열려고 하자 윤아가 주리 손을 막는다.

윤아 ● 다시 보지 말자고 니가 먼저 말했잖아.

주리 ● 니 동생 어디 있는데?

윤아, 주리 보는데, 참아왔던 울음이 터진다.
주리, 우는 윤아의 손을 잡아 일으켜 세우곤, 교실을 나간다.

113. 복도

주리가 앞장서고 윤아가 뒤따라간다. 마침 시험 시작을 알리는 예비종이 울린다.
감독관 김 선생이 둘을 막는다.

김 선생 너네 뭐야. 어디 가? 이제 시험 시작하는데.

주리, 윤아, 계속 간다. 선생님, 둘을 막는다.

김 선생 빨리 교실로 돌아가. 시험 안 볼 거야?

너네 이대로 나가면 큰일 나!!

주리 ● ...거짓말.

김 선생 뭐?

둘은 김 선생을 지나쳐 복도를 빠져나간다.

114. 운동장

시험 시작을 알리는 소리가 들린다. 그런 학교를 등지고, 아무도 없는 운동장을
주리와 윤아가 가로질러 걸어간다.

115. 화장터

윤아와 주리는 화장터의 풍경들을 본다. 많은 어른이 울고 있다.
하지만 둘은 울지 않는다.

> **윤아 ●**   계속 갖고 다녔어?
>
> **주리 ●**   어디에 둬야 할지 몰라서. 마음이 안 놓이더라고.
>
> **윤아 ●**   못난이였대.
>
> **주리 ●**   뭐가?
>
> **윤아 ●**   쟤 이름이.
>
> **주리 ●**   이쁘기만 한데.
>
> **윤아 ●**   그치.

잠시 뒤, 조은상조 아저씨가 조심히 뒷문을 열고 반지 상자쯤 되는
아주 작은 상자를 가지고 나온다.

아저씨　(주리한테 건네며) 마땅한 상자가 없어서…

주리와 윤아, 상자를 받아선 한참을 본다. 마치 상자 어딘가에 동생이
그려지기라도 한 것처럼. 이렇게 작아진 것이 신기하다.

아저씨　세 숟가락 정도 나와. 아주 작았으니까. 보통 불 조절을
　　　　잘못하면 다 날아가기도 해. 네 동생은 운이 아주 좋구나.
　　　　찾는 가족이 있어서.
주리 ●　정말 운이 좋았다면 죽지 않았겠죠.
아저씨　…찾지 않는 죽음도 많으니까.

아저씨가 멀리 산을 본다. 아이들도 아저씨의 시선을 따라 본다.
곳곳에 눈 덮인 산들이 보이고 헐벗은 나무들이 서 있다. 새들이 허공을 난다.

116. 납골당

양쪽으로 늘어선 납골당의 내부 모습. 고요하고 차갑다.
주리와 윤아가 상자를 들고 서 있다.

117. 유원지

사람 없는 낡은 매표소 앞에 선 주리와 윤아. 매표소엔 재정 악화로
더 이상 영업하지 않는다는 문구가 붙어 있다.

윤아 ●	여기서 뭐 할려고?
주리 ●	고생했지만, 찾았어. (씨익 웃는다) 세 명이요!

당연히 매표소에선 아무 대답이 없다.
주리는 위에 붙은 요금표를 보고 세 명분의 돈을 앞에 놓는다.

주리 ●	가자.

유원지에 들어가는 셋.
멈춰버린 대형 관람차가 멀리 보이는 곳에 선 주리.

주리 ●	(포즈 잡으며) 봐봐. 낯익지 않아?
윤아 ●	?
주리 ●	벌써 다 까먹었어?

주리, 다시 윤아 쪽으로 달려와서 핸드폰 사진 보여준다. 대원과 미희의 셀카 사진.
사진 확대해 보면 웃고 있는 두 사람 뒤로 화려한 대형관람차가 보인다.

윤아 ●	아!
주리 ●	여기 나 초등학교 때 소풍 왔던 데야.

주리가 놀이기구 쪽으로 간다.

윤아 ●	근데 여긴 왜 온 거야? (따라간다)

주리와 윤아가 놀이기구들 사이를 뛰어다닌다.
회전목마도 타보고, 미니 자동차도 타보고 등등.

주리와 윤아가 멈춰진 바이킹에 앉아 있다.

해가 뉘엿뉘엿 넘어가고 있다.

윤아 ● 우리 엄마도 내 나이 땐 자기가 이런 짓을 할 줄
　　　　　 몰랐겠지? 너네 아빠도, 나중에 나이 들어서 바람피우고
　　　　　 막 그래야지, 그런 생각 안 했을 거 아냐.

주리 ● 너, 머리 좋아?

윤아 ● 아니. 니가 나보고 돌대가리라고 했잖아. 그거 사실이야.

주리 ● 자랑이다.

윤아 ● 자랑스럽다.

주리 ● ...나는 암기과목이 진짜 약해. 그래서 이과 간 것도 있어.

주리, 상자를 꺼내 뚜껑을 연다. 윤아도 옆에 앉아서 본다.

윤아 ● 한 줌도 안 되네.

주리 ● 아주 작았으니까. (상자를 건네준다)

윤아는 조심스레 받아들고 본다.

윤아 ● 여기에 묻어 줄려구?

주리 ● ......아니.

윤아 ● 납골당에 둘걸 그랬어.

주리 ● 그 속에 있으면 더 외로울 거야. 찾아오는 사람도 없고.
　　　　　 나는 나를 못 믿어.

윤아 ● (끄덕인다) 나도.

윤아가 허공에 상자를 두 손으로 받쳐 들고.

윤아 ● 뿌려줄까?

주리 ● 아니.

주리는 가방에서 딸기우유와 초코우유를 꺼낸다.

주리 ●　딸기? 초코?

윤아가 딸기우유를 집는다. 진지하게 윤아를 본다. 윤아는 뭔가를 느낀다.

주리 ●　니가 나보고 변태라고 했잖아. 그거 사실일지도 몰라.
윤아 ●　뭐?
주리 ●　나는 암기과목이 진짜 약해.
윤아 ●　알아. 너도 돌대가리야.
주리 ●　그래도 절대 안 까먹는 법은 알아.

주리, 윤아 손에 있는 그릇에 담긴 재를 우유에 넣는다. 주리가 조금 덜자,
윤아도 자신의 우유에 재를 넣는다. 깨끗하게 그릇을 비우고 우유를 흔들어 섞는다.
둘 마주 본다.

주리 ●　같은 날 또는 다른 날이라도 세월이 흐르거든
　　　　　묻힌 자리에서 더 고운 품종의 지란이 돋아 피어,
　　　　　맑고 높은 향기로 다시 만나지리라.

둘, 서로를 보다가 동시에 우유 마신다. 다 마셨다. 서로 본다. 약간 비장한 얼굴.
그러다 주리가 자신도 모르게 트림을 한다.

윤아 ●　뭐야.

주리, 약간 머쓱하다. 자기 배를 본다.

주리 ●　내가 그런 거 아냐.

윤아가 잠시 생각하다 웃음 터진다. 주리도 웃음 터진다.

둘이 유원지를 떠난다.

스토리보드

Storyboard

01

S# 022	학교 복도	낮	3 DAY	
	주리가 윤아의 머리채를 잡고 싸움이 벌어진다	실내	컷수 10	페이지 1

01

주리 미디엄숏 Pull back & Pan
계단을 올라가는 주리.

02

주리 뒷모습 Follow
좁은 복도에 아이들이 바글바글.

03

주리 바스트숏 Pull back
각자의 반으로 등교하는 아이들.

04

주리 P.O.V. & Push-in hold
복도 멀리, 주리가 나타난다.

05

윤아 바스트숏
윤아도 주리를 발견하고 비웃듯이 고개를 돌린다.

S# 022	학교 복도	낮	3 DAY		
	주리가 윤아의 머리채를 잡고 싸움이 벌어진다	실내	컷수 10	페이지 2	

06

윤아 O.S 주리 바스트숏 → 윤아 Out

07

달리는 주리 풀숏 Pull back
가방을 내팽개치는 주리.

08

주리 뒷모습 미디엄숏 & Follow
포효하며 달려간다.

09

돌아서는 윤아 O.S 달려오는 주리
주리와 윤아는 기다렸다는 듯 싸우기 시작한다.

10

액션

아이들이 재미있는 구경거리를 보듯 함성을 지른다.
둘, 싸우다 복도에 있는 유리창에 부딪혀 창이 깨진다.
다시 반대로 밀려서 교실 문이 부딪혀 넘어진다.
다른 아이들은 소리 지르고 난리가 났다. 하지만 둘은
오히려 고요하다.
피가 나지만 오히려 마음이 차분해진다.

S# 034	병원 로비		밤	3 DAY	
	영주가 주리와 윤아를 챙기며 싸우지 말라고 한다		실내	컷수 3	페이지 1

01

윤아 미디엄숏 Pull back
윤아가 편의점 봉지를 들고나온다.

윤아 Follow
로비를 지나는 윤아.

윤아 뒷모습 Follow → 앉아 있는 영주, 주리 발견
주리의 교복을 매만져 주는 영주를 발견한다.

영주, 주리, 윤아 쓰리숏 → 영주 Out

영주	오늘 니가 병원에 있을 거니?
윤아	네.
영주	(윤아 멍든 자국을 잠시 보곤) 다른 어른들은?
윤아	…
영주	(주리에게) 넌 학원은 어쩔 거야?
주리	갈 거야.
영주	너네 밥은 먹었니?

영주	인상들 펴, 누가 보면 세상 다 산 사람들인 줄 알겠다. 주리, 카드 있지? 밥 사 먹어 둘이, 빵 사 먹지 말고, 기왕이면 비싼 거 사 먹어. 니 아빠 돈이니까.

영주가 떠난다.

S# 034	병원 로비	밤	3 DAY		
	영주가 주리와 윤아를 챙기며 싸우지 말라고 한다	실내	컷수	페이지	
			3	2	

034

02

돌아보는 영주 단독숏

주리　　엄마 어디가?
영주　　내가 갈 데가 어딨니? 싸우지들 마!
　　　　너희들이 왜 싸워!

03

주리, 윤아 투숏
영주가 떠나고 주리와 윤아가 서로를 본다.

S#035	주사실	밤	3 DAY	
	윤아와 주리가 간호사에게서 수혈 주의사항을 듣는다	실내	컷수 4	페이지 1

01

간호사1, 주리, 윤아 쓰리숏
간호사가 주리와 윤아의 팔 상태를 보고 있다.
둘은 셔츠차림에 팔을 걷고 있다.

간호사1 (밴드 살짝 들어서 보더니) 너네 여기 만졌지?
주리,윤아 ...
간호사1 만지지 말라고 했잖아, 멍든다고.
 피 뽑은 자리는 가만히 둬야지 금방 아물어.
주리 욱신거려서.
간호사1 참았어야지.

간호사, 둘에게 다시 밴드를 붙여준다.

간호사1 동생은 잘 참던데 누나들은 엄살이 심하네.
윤아 네?
간호사1 너네 남매는 혈액형이 다 똑같아서 나중에
 피 모자랄 일은 없겠다.

간호사1, 웃는다. 주리와 윤아, 황당하지만 뭐라 말은 못
하고 가만히 있는다.

간호사1 어지럽거나 그런 건 없지? 가는 길에 뭐 좀
 먹고, 아기 컨디션에 따라서 수혈을 더 할지
 말지 결정해야 하니까 핸드폰은 항상 켜놓고.
 알았지? 근데 누구한테 전화해야 하는 거야?
 아빠 오시니? 누가 언니야?

02

간호사 O.S 윤아, 주리 투숏
대답하지 않는 둘. 간호사는 의아한 듯 고개를 갸웃거린다.

윤아 (어쩔 수 없이) 저요.
간호사1 (수혈서류를 내밀며) 여기 전화번호 적어 놔.

윤아가 서류를 작성하고 주리는 외면한다.

03

컷 1)과 동일 컷
간호사1이 시계를 본다.

간호사1 동생 보고 갈래? 면회시간이네.
윤아 네?
간호사1 피까지 나눴는데 동생 얼굴은 봐야지.

S# 035	주사실		밤	3 DAY	
	운아와 주리가 간호사에게서 수혈 주의사항을 듣는다		실내	컷수 4	페이지 2

035

간호사1 단독숏
간호사가 앞장 선다.
윤아, 주리가 어정쩡하게 있으면, 간호사가 손짓하며 빨리
오라고 한다.

간호사 Out & 따라가는 윤아, 주리 Frame in
간호사를 따라 나가는 윤아, 주리.

S#	주차장		밤	3 DAY	
036	다리가 후들거리는 영주가 뒷좌석에 묻은 피를 닦는다		실외	컷수	페이지
				5	1

주차장에 영주 풀샷
영주가 차에 타려다 앞문을 닫고 뒷문을 연다.

영주 O.S 피가 묻은 종이가방과 차 시트
영주가 '덕향 오리' 쇼핑백과 묻은 피를 본다.

영주 타이트샷
그제야 다리가 후들거린다.
잠시 진정하다 차 안으로 몸을 숙이는 영주.

시트를 닦는 영주 미디엄샷
휴지를 꺼내서 닦기 시작한다.

주차장의 영주 차 풀샷
다른 차가 헤드라이트를 밝히며 지나간다.
열린 뒷문으로 청소 중인 영주가 보인다.

S#	인큐베이터 실		밤	3 DAY	
037	위생복으로 갈아입은 주리와 윤아가 아이를 함께 바라본다		실내	컷수	페이지
				12	1

037

보호복을 입는 사람들 단체숏
주리와 윤아가 보호복을 입으며 좀 멍한 얼굴이다.

유리 창 O.S 윤아, 주리 투숏
인큐베이터실 안을 보는 윤아, 주리.

P.O.V. 인큐베이터실
유리창 너머로 5, 6개의 인큐베이터가 보인다.
6~7명의 간호사, 의사들이 기계를 체크하고 있다.

인큐베이터실 풀숏
주리와 윤아가 문을 열고 안으로 들어온다.

주리, 윤아 뒷모습 Follow
인큐베이터 안을 걸어가는 주리, 윤아.

S#	인큐베이터 실		밤	3 DAY	
037	위생복으로 갈아입은 주리와 윤아가 아이를 함께 바라본다		실내	컷수 12	페이지 2

무서워진 윤아가 주리의 소매를 잡는다.

인큐베이터 O.S 윤아, 주리 투숏
간호사1이 산모이름을 말하고 인큐베이터로 안내한다.

인큐베이터 이름표 INS & Tilt up
김미희의 아들이라고 적힌 이름표와 천으로 된 덮개로
가려진 인큐베이터.

주리 손 Frame in
주리가 덮개를 살짝 열어서 본다.

인큐베이터 O.S 다가오는 윤아, 주리
윤아도 고개를 기울인다.

S#	인큐베이터 실	밤	3 DAY	
037	위생복으로 갈아입은 주리와 윤아가 아이를 함께 바라본다	실내	컷수 12	페이지 3

윤아 O.S 바라보는 간호사1
둘의 모습을 떨어진 곳에서 가만히 보는 간호사1.
인큐베이터 실 간호사가 서류를 내밀며 난색을 보인다.

간호사1 단독숏
서류를 받아들고 확인하는 간호사1.

간호사1   괜찮아.

아기 단독숏
여러 장치들이 붙어있는 아기의 몸.
엄마 배 속에 있던 모습으로 힘겹게 숨을 쉬고 있다.

윤아, 주리 투숏
둘은 얼굴을 찌푸린다.
잠시 뒤에 주리는 외면하고 계속 보는 윤아.

S# 038	병원 내 식당	밤	3 DAY
	밥을 먹으며 아기에 대해 얘기 나누는 윤아, 주리	실내	컷수 7 / 페이지 1

식당에 앉아 있는 주리, 윤아 풀숏
식당 안, 사람들 사이에 주리와 윤아가 앉아있다.
주리와 윤아 앞으로 돈가스와 오므라이스가 나온다.

주리의 오므라이스 INS
주리가 오므라이스를 가리킨다.

주리   요만했지.

윤아의 돈가스 INS
돈가스 고기를 조금 잘라내는 윤아.

윤아   이만했어.

주리 단독숏

주리   정말 작다...

돈까스를 먹는 윤아 단독숏

윤아   너무 일찍 태어났다잖아.

S# 038	병원 내 식당		밤	3 DAY	
	밥을 먹으며 아기에 대해 얘기 나누는 윤아, 주리		실내	컷수 7	페이지 2

038

컷 4)와 동일컷

주리   에일리언 같았어.
윤아   ...
주리   살 수 있는 건가?

주리, 윤아 사이드 투숏

윤아   우리 피를 많이 뽑아 갔으니까...
주리   죽어버리라고 기도했는데.
윤아   난 엄마 배를 주먹으로 때리고 싶었는데.
주리   그런데도 태어났네.
윤아   ...남동생

짜증스럽게 윤아를 보는 주리.

윤아   너 동생 있어?
주리   필요도 없어.
윤아   나도야.

S# 039	병원 로비 안내 데스크	밤	3 DAY		
	주리가 아빠를 발견하는데 대원이 도망친다	실내	컷수	페이지	
			8	1	

01

접수처에 대원 풀샷 & Follow
진료가 끝나 창구들은 서터가 내려져 있다.
어두운 로비의 안내 데스크에서 환자 이름을 말하고
미희의 입원실을 찾는 대원.
에스컬레이터를 타러 가다 전화가 울린다.

02

대원 핸드폰 INS
'우리 예쁜 딸'이라는 발신 이름이 뜬다.

03

대원 바스트샷
'지금은 회의 중입니다. 잠시 후에 연락드리겠습니다.'
문자를 보낸다.

04

주리 바스트샷 → 대원 Frame in
2층에서 핸드폰을 들고 문자를 확인하는 주리.
멀리서 에스컬레이터를 타는 대원이 보인다.

05

대원을 바라보는 주리, 윤아 투샷
주리는 대원을 발견하고 윤아가 화장실에서 나온다.

주리	아빠?
윤아	왜그래?
주리	아빠...
윤아	저 사람이야?
주리	(고개 끄덕)
윤아	왜 가만히 있어?

12

S# 039	병원 로비 안내 데스크	밤	3 DAY	
	주리가 아빠를 발견하는데 대원이 도망친다	실내	컷수 8	페이지 2

주리 P.O.V. 대원
대원도 주리를 발견한다.

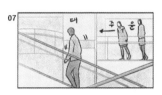

대원, 주리, 윤아 쓰리숏
대원이 기둥에 숨어 제자리걸음을 한다.
주리와 윤아가 에스컬레이터로 간다.

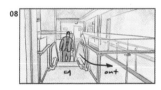

2층로비에 대원 풀숏 → 대원 Out
대원이 2층에 도착하자 주리를 피해 로비를 돌아간다.

내려가는 에스컬레이터로 달려가는 대원.

주리　　　아빠! 아빠!

대원이 뛰어 내려가기 시작한다.
주리가 뛰어간다. 윤아도 엉겁결에 뛰어간다.

S# 040	병원 밖		밤	3 DAY	
	대원을 쫓는 아이들. 주리는 멈추는데 윤아는 계속 쫓는다		실외	컷수 5	페이지 1

01

병원 밖 주리, 윤아 롱숏
아이들이 뛰어나오지만 대원이 보이지 않는다.
두리번거리며 찾는 아이들.
서로 다른 방향으로 찾으러 나간다.

윤아가 기둥 뒤에 숨어있는 대원을 발견한다.

윤아   저기다.

02

윤아 O.S 숨어있다 도망가는 대원 풀숏

주리   아빠!

03

컷 1)과 동일컷
대원을 쫓아가는 주리와 윤아.

윤아는 끝까지 쫓아가고 주리는 멈춘다.

S# 040	병원 밖		밤	3 DAY	
	대원을 쫓는 아이들. 주리는 멈추는데 윤아는 계속 쫓는다		실외	컷수	페이지
				5	2

04

컷 2)와 동일컷
윤아가 대원을 쫓아 계단을 내려간다.
멈춰서 바라보는 주리.

주리   아빠!

05

주리 타이트숏
대원이 사라진 쪽을 바라본다.

주리   뭐야.

S# 041	내리막길	밤	3 DAY		
	주리가 영주에게 전화를 걸어 아빠가 도망갔다고 한다	실외	컷수	페이지	
			2	1	

주리 롱숏
주리가 혼자 걸어가면서 엄마에게 전화를 걸고 있다.

전화를 하는 주리 바스트숏 & Pull back
영주가 전화를 받자마자 복받치는 감정을 참는다.

주리   엄마, 아빠 도망갔어.

S# 071	신생아 집중 치료실		낮	4 DAY	
	동생을 구경하는 아이들. 동생이 웃자 그들도 웃는다		실내	컷수 4	페이지 1

주리, 윤아 O.S 못난이
윤아와 주리가 인큐베이터의 아이를 보고 있다.

주리   그새 컸나?
윤아   응.
주리   이제 좀 사람 같네.
윤아   예뻐.
주리   계속 눈 감고 있네. 자는 건가?

인큐베이터 O.S 윤아, 주리

윤아   일어나 있는 거야. 손이랑 발이 움직이잖아.
          원래 갓 태어난 애들은 눈 잘 못 떠.
주리   (윤아를 보고)몸에 붙은 거는 언제 떼는 거야?
윤아   ...

잠시 아이가 웃은 듯 얼굴에 화색이 도는 둘, 마주 본다.

윤아   지금 웃은 거지?
주리   저게 웃는 거야?
윤아   웃었잖아.
주리   더 못생겼어, 임마. 히히.
윤아   사는 거 되게 빡세다 너. 각오가 돼 있어?
          (피식) 쪼개긴.

윤아가 더 실실 웃으면서 아기를 본다.

못난이 발을 만지는 윤아 INS
윤아가 인큐베이터에 손을 넣어 아기 발을 만진다.

윤아, 주리 사이드 투숏
윤아 눈에서 눈물이 흐른다.

윤아   힘내.

주리는 그런 윤아를 본다.

S# 073	서해 바다 방파제	낮	4 DAY	
	대원에게 웬 아줌마가 다가와 주차비를 달라고 한다	실외	컷수 5	페이지 1

01

방파제 대원 롱숏
방파제 끝에 낚시꾼들이 서너 명 보인다.
스쿠터를 탄 동네 십대들이 놀고 있다.

02

대원 풀숏 & 걸어오는 아줌마
한쪽에 차를 세우고 통화 중인 대원.

대원   네, 그 얘기는 들었습니다. 산모는 뭐라던가요?
        ...친척 됩니다. 네, 알겠습니다.
        병원비는 내일 제가 가서 계산할 겁니다.

멀리서 나이든 아주머니가 다가온다.
낮술을 한 아줌마가 대원을 둘러본다.

03

대원 O.S 아줌마
아줌마   낚시 왔습니까?
대원   아뇨. (말 섞기가 귀찮다)
아줌마   어디서 오셨습니까?
대원   왜요? (아줌마를 보면 약간 취한 거 같다)
아줌마   거 좀 물어보면 안 됩니까?
        여기 차도 있는 거 보니 어디 먼 데서 오신 거
        같은데. 서울서 왔습니까?

04

아줌마 O.S 대원

대원   네.
아줌마   네~~

아줌마가 코를 손으로 휙 풀고 몸뻬바지에 닦는다. 그리곤
신트림을 한번 한다.

아줌마   혼자 오셨어요?
대원   ...
아줌마   여기 누구 만나러 왔어요?
대원   ...
아줌마   여기는 어째 알고 왔습니까? 동네도 쪼그만데.
대원   저기, 왜 그러시는데요?
아줌마   주차비 좀 주시오. 남의 동네에 와서 좋은 경치
        에 바다구경도 하고 차도 공짜로 떡 세워 놨으
        면... 응?
대원   ...아니 여기 무슨 주차비를 냅니까? 주차장도
        아닌데.

S# 073	서해 바다 방파제	낮	4 DAY	
	대원에게 웬 아줌마가 다가와 주차비를 달라고 한다	실외	컷수 5	페이지 2

073

아줌마   이 양반이 지금, 그러면 당신 집 앞에 남이 와서
         차 세워놔도 돼요?
         이 방파제가, 이 동네 사람들이 얼마나 높은데
         민원을 내고 정성을 들인 건데, 여기 동네 사람
         붙잡고 다 물어보세요.
         이상한 사람이네 이 양반이, 다들 타지서 온 사
         람은 모두 자릿세를 내고 낚시도 하고 놀다 가
         는데, 지금 나를 업신여기는 거요, 뭐요!
         무슨 촌구석 아줌마라고 깔보나~~~

십대 애들이 웃으며 보고 있고 대원이 한숨 쉬며 지갑을
꺼낸다.

대원   얼맙니까?
아줌마   만원만 주시오.

대원이 돈을 주자 아줌마는 바로 떠난다. 가다가 돌아서서.

아줌마   낚싯대 빌려드릴까? 낚시할래요?

대원이 고개를 젓는다. 아줌마가 떠나고 스쿠터 탄 애들이
함성을 지른다.
아줌마가 만원을 애들에게 흔들어 보이고, 애들이 대원 쪽을
보고 손을 내민다.

십대들   어이! 여기!

05

대원 단독숏
대원이 한번 노려보고 시선을 돌린다.
아이들이 그런 대원을 비웃는다.

S#	유원지		낮	6 DAY	
117	대관람차 배경으로 우유를 마시는 주리와 윤아		실외	컷수	페이지
				29	4

15

트램펄린 위 윤아

16

트램펄린을 타는 둘 롱숏

17

바이킹을 탄 주리, 윤아

18

바이킹을 탄 주리, 윤아 롱숏

19

주리 O.S 윤아

윤아　우리 엄마도 내 나이 땐 자기가 이런 짓을 할 줄은 몰랐겠지? 너네 아빠도, 나중에 나이 들어서 바람피우고 막 그래야지, 그런 생각 안 했을 거 아냐.

S#	유원지		낮	6 DAY	
117	대관람차 배경으로 우유를 마시는 주리와 윤아		실외	컷수 29	페이지 5

윤아 O.S 주리

주리　　　너, 머리 좋아?

컷 19)와 동일컷

윤아　　　아니, 니가 나보고 돌대가리라고 했잖아.
　　　　　그거 사실이야.
주리　　　자랑이다.
윤아　　　자랑스럽다.

상자를 여는 주리 손 INS
주리가 상자를 꺼내 뚜껑을 연다.

윤아　　　한줌도 안 되네.
주리　　　아주 작았으니까. (상자를 건네준다)

상자를 조심스럽게 건네 받는 윤아.

컷 19)와 동일컷

윤아　　　여기에 묻어 줄려구?
주리　　　...아니.
윤아　　　납골당에 둘 걸 그랬어.

컷 20)과 동일컷

주리　　　그 속에 있으면 더 외로울 거야, 찾아오는 사람
　　　　　도 없고. 나는 나를 못 믿어.
윤아　　　(끄덕인다) 나도.

S# 117	유원지	낮	6 DAY	
	대관람차 배경으로 우유를 마시는 주리와 윤아	실외	컷수 29	페이지 6

25

윤아, 주리 풀숏

윤아가 허공에 상자를 두 손으로 받쳐 들고.

윤아   뿌려줄까?
주리   아니.

26

컷 15)와 동일컷
윤아가 다시 자리에 앉는다.
주리는 가방에서 딸기우유와 초코우유를 꺼낸다.

주리   딸기? 초코?

윤아가 딸기우유를 집는다.

27

윤아, 주리 뒷모습 투숏
주리가 딸기우유를 건네고 윤아를 진지하게 본다.
윤아가 뭔가를 느낀다.

주리   니가 나보고 변태라고 했잖아. 그거 사실일지
       도 몰라.
윤아   뭐?
주리   나는 암기과목이 진짜 약해.
윤아   알아. 너도 돌대가리야.
주리   그렇지만 절대 안 까먹는 법은 알아.

주리, 윤아가 그릇에 담긴 재를 우유에 넣어 흔들어 섞는다.

주리   세월이 흐르거든 묻힌 자리에서 더 고운 품종의
       지란이 돋아 피어, 맑고 높은 향기로 다시
       만나지리라.

서로를 보다가 동시에 우유를 마신다.
다 마시고 서로를 본다. 약간 비장한 얼굴의 둘.
그러다 주리가 자신도 모르게 트림을 한다.

S# 117	유원지	낮	6 DAY		
	대관람차 배경으로 우유를 마시는 주리와 윤아	실외	컷수 29	페이지 7	

28

컷 19)와 동일컷

윤아　　　뭐야.

약간 머쓱해 하다 배를 만지는 주리.

29

컷 20)과 동일컷

주리　　　내가 그런 거 아냐.

윤아가 잠시 생각하다 웃음이 터지고 주리도 웃는다.
둘, 함께 유원지를 떠난다.

사진

The Set
Photography

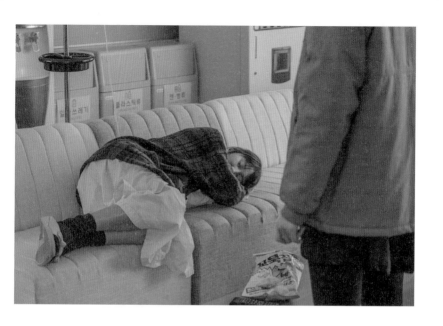

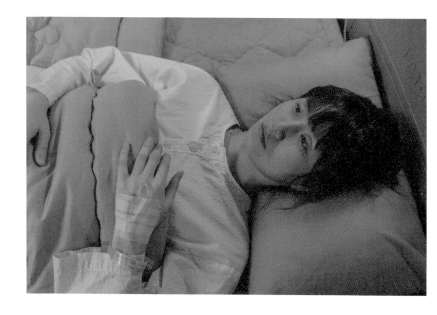

165

에세이

Essay

공감과 디테일의 길을 지나
비범함으로 향하는

이은선
(영화 저널리스트)

김윤석 감독이 이보람 작가와 함께 쓴 <미성년>의 각본은
옹골지다. 더할 것도, 그렇다고 크게 덜어내야 할 것도 없이
그 자체로 담백한 완결성을 지닌다. 처음부터 끝까지 죽 읽어
내려가다 마지막 장을 덮을 때쯤엔, 매끈하고 단단한 차돌 하나를
손에 쥐는 것 같은 감각이 전해진다. 서사를 두고 '밀도 높다'고
표현할 때는 바로 이런 경우다. 낭비 없이 쓰인 글이라는 사실은
완성된 영화를 봐도 쉽게 알 수 있다. 각본과 비교했을 때
삭제 신은 거의 없다. 공간 배경을 설명하는 기능적인 장면
한두 개와 대사 몇 마디가 빠졌을 뿐이다.

외도라는 흔하고 자극적인 소재에서 출발하지만, 이 각본은
사건 묘사에 그다지 관심을 두지 않는다. 그보다는 이미 벌어진
일로 인해 얽히고설킨 사람들의 선택과 감정의 흐름을 적극적으로
들여다보겠다는 데 분명한 의지를 둔다. 다섯 인물의 행동은
각기 다르다. 자기 자신에게는 아무런 잘못도 없건만 눈앞의
문제를 해결하기 위해 애쓰는 사람이 있는가 하면, 오직 도망치는
일에만 최선을 발휘하는 사람이 있다. 모두에게 상처를 입히는
동시에 실은 자기 자신이 가장 큰 상흔을 입고 있다는 것을
알면서도 무책임한 방관을 택하는 이도 있다.

중요한 건 그들을 그리는 자세다. 누구 하나를 손쉽게 악인으로
몰지 않으면서도, 모두에게 조금씩 공감할 수 있도록 한 인물
설계는 <미성년>의 중요한 장점이다. 특히 서로 다른 세대의
여성 캐릭터들을 만들어가는 방식의 섬세함은, 배우들의 연기를
만나기 전 이야기가 문장으로만 존재하던 단계에서부터
어느 정도 완성된 것임이 감지되기에 더욱 반갑다.

고등학생인 주리와 윤아는 문자 그대로 미성년未成年이지만
실망스러운 부모의 행동 때문에 울거나 상처받는 데 머무르는
아이들이 아니다. 둘은 상황을 회피하는 어른들과 다르다.

첫 번째 신에서부터 각본은 이미 주리의 각오를 보여준다.
주리는 문제의 오리집을 찾아가 가게 주인 미희를 염탐하는
중이다. 방문 의도는 윤아의 갑작스러운 등장으로 곧 무색해진다.
하지만 이날의 해프닝은 얼마 후 갈등의 폭주기관차를 출발시키는
단초가 된다. 어른들이 쉬쉬하며 숨기는 문제를 윤아가 시원하게
언급해 버리면서다. "아줌마 남편이 우리 엄마랑 바람났어요.
근데 우리 엄마 지금 임신했거든요. 알고 계시라구요."
이제 대원과 미희의 외도는 그들 둘만의 문제가 아니라
그들 각자의 딸인 주리와 윤아 그리고 대원의 아내이자
주리의 엄마인 영주까지, 다섯 명의 공동 사연이다.

각본은 이 다섯 명의 공동 사연을 다섯이 한 자리에 모두
모여 대면하게끔 만들지 않는다. 대신 휴대폰 화면을 이들 사이의
관계성을 짐작하게 하는 일종의 증거로 활용한다. 휴대폰에
저장된 건 단순한 이름이지만, 화면에 보이는 건 상대방을
바라보는 마음과 각자의 태도이기 때문이다. 미희는 대원을
'마지막 사랑'이라 저장했으나 대원의 휴대폰 속 미희는
'덕향 김사장'이다. 애타게 아빠를 부르는 딸 앞에서 등을
돌리고 치사하게 도망치기 바쁜 대원에게 '예쁜 딸 주리'는
공허한 호명이다.

이 중, 주리와 윤아는 적어도 용기가 있다. 서로가 밉고 불편한
감정 역시 솔직하게 발현한다. 부모의 외도는 학교 옥상에서 둘이
입술을 부딪친 것처럼 '없던 일'로 치부하기에 불가능한 사건이다.
어른들이 짐짓 아무 일도 없는 것처럼 구는 사이, 주리와 윤아는
학교 복도에서 교실 문이 부서질 정도로 격렬하게 몸싸움을
벌인다. 애초에 마주칠 일이 없었다면 좋았겠지만 이미 껄끄러운
사이로 대면해버린 이들은 점차 서로 느슨한 의기투합으로
이뤄진 여정의 파트너가 된다. 그것 역시 일종의 용기다.

둘은 '못난이'의 짧은 생 동안 보호자의 책임을 다하려 한다.
윤아는 학교를 그만두고 동생을 키우겠다 말하고, 주리는 차라리
입양이 합리적 선택이 아니겠느냐고 반문한다. 정작 문제의
근원인 대원은 지방으로 도망간 상황이다. 고민의 자리마다
영주와 미희는 부재한다. 어른의 책임을 대신 져보려는 아이들,
물리적인 나이는 성년이지만 미숙한 어른들. <미성년>은
이 두 층위를 모두 넉넉하게 포함하며 가로지르는 좋은 제목이다.

엄밀히 말해 이 이야기 속에서 모든 무책임의 주체는 생물학적
아버지들이다. 결코 유쾌하지만은 않은, 헛웃음 유발에 가까운
극의 유머를 책임지는 인물들이기도 하다. 혹시나 하는 마음으로
찾아간 윤아의 생부 영민은 오랜만에 만난 딸에게 안부를 묻는
대신 지갑에서 만 원 한 장을 꺼내 갈 정도로 물색없는 인간이다.
다짜고짜 "(스무 살 넘었으면) 카드 하나 만들어라" 라며 던지는
말 속에 궁핍한 자신의 상황을 굳이 숨길 생각은 없어 보인다.
생부가 예상만큼, 혹은 예상보다 더 한심하게 살고 있다는 것만
확인하고 돌아오는 윤아의 장면들은 '눈물을 참는다. 아무렇지
않을 줄 알았는데, 생각보다 아프다' 같은 꼼꼼한 지문들로
채워진다.

미희가 입원한 병원 에스컬레이터에서부터 병원 밖 계단 길까지
이어지는 한밤의 헐렁한 추격은 각본에서 가장 유머러스한
대목이다. 처음부터 지금 같은 캐스팅을 의도하고 만든
신은 아니겠지만, 이후 완성된 영화를 보면 딸의 부름을 뒤로 하고
우스꽝스럽게 도망치는 대원을 연기하는 배우가 김윤석이라는
이유 하나만으로도 진풍경으로 기억될 수밖에 없다. 그는 한국
영화 역사상 가장 무시무시한 에너지의 추격신을 담은 <추격자>
(2008)의 주역이 아니던가. 후에 대원이 엉뚱한 곳에서 변을
당하는 눈 오는 밤의 국도 신은 이야기가 인물에게 가할 수 있는
최선의 응징이다.

<미성년>의 각본에서 무엇보다 돋보이는 지점 중 하나는 영주와 미희로 대변되는 중년 여성들의 캐릭터 묘사다. 그들은 여느 작품들이 보편적으로 저지르는 무성의한 실수처럼 피상적인 엄마 역할에만 그치지 않는다. 자신이 살아온 세월이 부정당하는 고통 속에서 이기적이고 미숙한 모습까지 숨길 여지없이 드러내는 이들의 면모는 하나의 케이스 스터디로 삼아도 좋을 정도로 입체적이다. 영주의 맨발과 올 나간 스타킹, 불어 나오는 젖을 처리하지 못해 가슴팍이 젖은 미희의 옷은 가뜩이나 처량한 그들의 처지를 한층 더 초라하게 만드는 영화적 디테일들이다. "내가 미워하는 사람들이 정말 나쁜 인간들"이기를 바라는 영주의 고해와, 임신한 아기의 성별이 아들이라 얼마나 든든하냐고 뻔뻔하게 외치다가도 "내가 엄마를 좀 좋아하게 해줄 순 없었냐"라는 윤아의 말에 무너지며 흐느끼는 미희의 모습은 각본에서부터 이미 매력적인 방점이다.

이것이 무엇보다 연기를 위한 글이라는 정체성은 각본 전체에서 영민하게 엿보인다. 김윤석이 감독이자 배우이기에 한층 또렷해질 수 있었던 목표로 읽힌다. 학교에서 한바탕 몸싸움을 벌인 주리와 윤아의 장면 끝에서 발견되는 문장인 '다른 아이들은 소리 지르고 난리가 났다. 하지만 둘은 오히려 고요하다. 피가 나지만 오히려 마음이 차분해진다', 미희가 병실에서 대원의 전화를 받는 장면에 적힌 '비관적인 생각이 들 때 늘 그랬던 것처럼 어린애마냥 자신을 풀어놓고 침대에 웅크린다' 같은 지문은 신의 톤 앤 매너를 상상할 수 있는 좋은 가이드다. 아직 영화를 보기 전이라면 '몸뻬 바지를 입고 신트림을 한 번 하는' 방파제 아줌마, 병동 휴게실에서 과자를 먹는 미희에게 오지랖을 부리는 산모 모녀, 윤아의 친부인 영민까지 누가 이 생생한 캐릭터의 옷을 입고 카메라 앞에 설 것인지 상상해 보는 것도 이 각본을 읽는 커다란 재미 중 하나일 테다.

이윽고 글이 당도한 마지막 장면은 비범한 여운을 남긴다. 각본의 초반부터 등장한 딸기 우유와 초코 우유의 진짜 기능이 힘 있게 발휘되는 장면이다. 누군가에게는 놀랍고 당혹스러운 결말일 수 있겠지만, 이들의 여정에 공감하며 따라왔다면 이만큼 설득력을 가지는 마무리는 없다는 데 어렵지 않게 동의할 수 있을 것이다. 세 숟가락 뜨면 충분할 만큼의 적은 재로 남은 못난이를 기억하겠다는 의식. 동시에 어른들에게서 목격했던 무책임한 뒷모습을 잊지 않겠다는 다짐을 담은 결연한 애도. 비장하지만 결코 겉멋은 없고, 부모들은 평생 상상할 수도 없을 자신들만의 방식을 고른 주리와 윤아의 결정에 어른들은 어떠한 말도 보탤 수 없을 것이기 때문이다. 적어도, 그래선 안 된다.

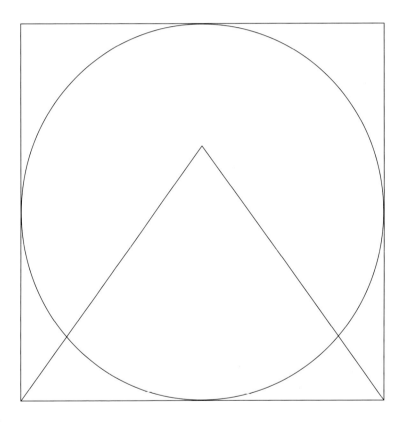

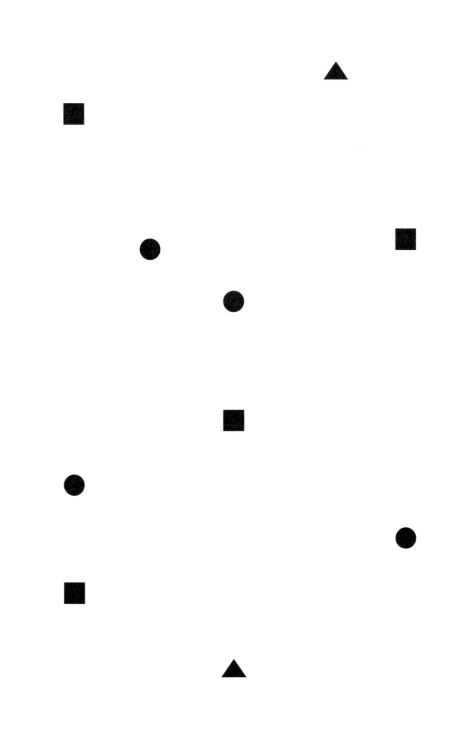